Élisabeth de Chimay

La fin d'un siècle

Souvenirs

PERRIN

© Librairie Académique Perrin, 2000.
ISBN : 2-262-01643-7

I

Ma famille

Je suis née le 20 mars 1926, jour du printemps. Ma mère me vit arriver avec réserve. Mariée à dix-huit ans, elle avait déjà mis au monde trois fils et trouvait que cela suffisait. Quant à mon frère aîné, Édouard, âgé de quatorze ans, il trouva l'événement déplacé. Bien sûr, je ne partage pas cet avis.

Je vis le jour dans la demeure de mes grands-parents maternels, 41, pavé des Chartrons, à Bordeaux. Ainsi le voulait la tradition. Mes tantes et ma mère n'auraient pas imaginé un seul instant qu'il fût possible d'accoucher ailleurs. Le 41, comme l'appellent les Bordelais, est un hôtel du XVIIIe siècle, tout à la fois somptueux et discret. Construit non loin du fleuve, il étire en profondeur une série d'appartements entre cours et terrasses formant jardins. Flanqué de deux portes cochères, il laisse à l'imagination le soin de découvrir ce que recèle la façade, longée d'un balcon en fer forgé. Derrière l'hôtel, formant bloc, s'étendent les chais. Aux XVIIe et XVIIIe siècles, les négociants stockaient non loin de leur résidence bordelaise les vins provenant de leurs vignobles personnels et ceux de leurs amis, propriétaires et viticulteurs. C'est une vaste étendue de corridors bordés de cellules ; les crus prestigieux y reposent dans des casiers de fer ; sur les grilles sont inscrits les noms des heureux destinataires – cour de Danemark, cour d'Angleterre, etc. – auxquels les bouteilles seront adressées lorsqu'elles auront atteint la perfection. Ainsi en allait-il, du moins lorsque je vins au monde.

Par cette belle journée où les bourgeons des marronniers commençaient à s'ouvrir, loin de penser à courir dans ces interminables couloirs, je me contentai de pousser mon premier cri furieux au troisème étage de cette vénérable demeure. Lorsque je me penche sur mes souvenirs les plus lointains, il me semble revoir un baldaquin en damas bleu. Quant au reste de la décoration, les images sont vagues, en dehors d'une grosse commode tombeau supportant une bonbonnière dans laquelle une main amicale puisait une « fanchonnette » à mon intention, ainsi qu'une chaise longue cannée sur laquelle j'aimais à me rouler.

Mes parents formaient un couple parfaitement harmonieux – ma naissance en fut le témoignage concret. En l'église Saint-Louis, je fus baptisée Élisabeth, en souvenir de la mère de mon père. Pauvre petite grand-mère Daubrée qui mourut laissant un garçon âgé de deux ans au soin de sa sœur Jane, de cinq ans plus âgée, et d'un père polytechnicien, Léon Manset, plus soucieux de ses épures – il avait inventé un canon sans recul – que du petit Octave, mon père, encore bébé. La jeune sœur de ma mère, Jacqueline, me porta sur les fonts baptismaux, accompagnée de son fils Antoine, jumeau à vingt-quatre heures près de mon dernier frère Patrick, tous deux âgés de huit ans.

Cette escorte était assez boudeuse. Mon grand-père maternel, Daniel Guestier, avait essuyé son mécontentement lorsque, croyant faire plaisir à Patrick, il lui avait annoncé ma venue. Il s'était entendu répondre : « Vous pouvez la garder, grand-pa, parce que moi je n'en veux pas ! » La cérémonie se déroula malgré tout dans la joie, car j'avais eu le bon goût d'être une fille, ce qui me fit pardonner par ma mère ma venue intempestive, et me valut l'immense tendresse de mon père, ravi de l'arrivée de cette petite tardillonne.

Bientôt il me fallut quitter Bordeaux et mes grands-parents, car mon père avait hâte de revoir sa famille à Paris. Aussi nous abandonnâmes la capitale de l'Aquitaine pour nous installer rue Leroux, où nous possédions un hôtel particulier au numéro 4. Cette rue, limitée d'un côté par l'avenue Victor-Hugo, jouxte de l'autre l'avenue Foch qui s'appelait alors l'avenue du Bois. Lorsque l'on remonte la rue Leroux, on aperçoit la porte cochère de l'hôtel où deux lions noirs tiennent de gros anneaux dans leur muffle. On passe sous la voûte, on gravit sur la gauche les quelques marches recouvertes d'un tapis paillasson conduisant à une porte en fer forgé doublée d'une vitre derrière laquelle se trouve Rémi, le second, en livrée. Au fond de la galerie, le mur est recouvert d'un miroir au pied duquel serpente une jardinière basse, toujours garnie de fleurs. Le grand salon donne sur la rue, la salle à manger sur la cour. L'escalier est éclairé par une énorme fenêtre ouvrant elle aussi sur la cour intérieure ; au mur est accrochée une tapisserie polychrome mise en valeur par les pierres blanches, le tapis bleu et la rampe en fer noire. Le grand escalier aboutit à un palier sur lequel donne le fumoir, ma pièce préférée, car là est le royaume des livres. Vient ensuite l'appartement de mes parents. Le salon rose, où mon père travaille le plus souvent, est notre lieu de rendez-vous. Tout en haut, s'étend l'étage des enfants. Les chambres de mes frères, la mienne, la salle d'étude, toutes ces pièces donnent sur la galerie au centre de laquelle se trouve mon ennemie, la barre fixe où parfois mes frères me suspendent.

Il est temps de dire ici quelques mots des deux familles que le destin unit un jour pour notre plus grand bonheur. Les Manset, ma famille paternelle originaire des Ardennes, sont des militaires qui payèrent un lourd tribut sous l'Empire : partis sept, deux seulement rentrèrent sains et saufs au bercail. Pour prix de sa bravoure, l'un des survivants reçut le titre de baron, ce qui me paraît une maigre compensation eu égard à tant de sacrifices. Cette hécatombe ne sembla point avoir guéri les Manset du métier des armes, puisque mon grand-père Léon fut colonel d'artillerie et mon frère Édouard, cavalier à Saumur. C'est à Clermond-Ferrand, ville qui joua un rôle important dans la destinée de notre famille, que repose mon grand-père, auprès de sa femme Élisabeth.

En effet, après la Révolution, mon aïeule, Adélaïde Daubrée, avait ouvert une institution, comme il en fleurissait alors, et dont Mme Campan avait donné le ton. Les jeunes filles étrangères venaient parfaire en France leur éducation, apprendre notre langue, et les bonnes manières, ce qui à l'époque faisait la réputation de notre pays. Parmi celles-ci, la très charmante miss Élisabeth Pugh Barker, nièce de Charles MacIntosh, chimiste écossais qui avait découvert la façon de traiter le caoutchouc, amusait ses compagnes par sa gaieté et son dynamisme. La jeune fille ne laissa pas indifférent Édouard Daubrée, fils de la directrice de l'établissement venu chez sa mère soigner les effets d'une blessure de guerre affectant son poumon. Bientôt de tendres propos furent échangés, des engagements pris et, à la joie des familles, les jeunes gens convolèrent en justes noces.

Hélas, le climat parisien n'améliora pas la santé du jeune marié. Son épouse, en avance sur son temps, pensant que l'air de la montagne lui conviendrait mieux, décida de rallier des cieux plus cléments. Elle jeta son dévolu sur Clermond-Ferrand, les tentations n'y seraient pas grandes, et le bon air salutaire à la guérison de son époux. La naissance d'un enfant, puis celle d'un second occupèrent la jeune femme, heureuse de voir se rétablir la santé d'Édouard. En 1831, celui-ci, guéri, créa en association avec son cousin Aristide Barbier une usine de machines agricoles.

Quant à Élisabeth, chaque jour, elle voyait ses enfants rentrer couverts de bosses. Un interrogatoire serré lui en révéla la cause : ils se blessaient avec des balles en bois, leur jouet préféré. Devait-elle les priver de cet amusement ? Elle s'en ouvrit à son oncle en lui faisant part de sa désolation. La réponse ne se fit pas attendre : « Chère enfant, je t'envoie des balles en caoutchouc qui ne seront ni dures ni dangereuses. » Les enfants furent ravis, leurs petits amis émerveillés. Les mères, ayant entendu parler de cette nouveauté, demandèrent à Élisabeth de leur procurer ce jouet merveilleux. Laquelle, en bonne Écossaise pratique, s'empressa de demander à son oncle des balles en grande quantité. Il lui répondit qu'il fallait les fabriquer sur place. A l'époque, le gendre de Barbier venait d'entrer dans l'usine. Il s'appelait Jules Michelin. Très vite, il comprit l'intérêt de l'invention et dota les roues des voitures légères d'un bandage à base de latex. Ainsi, la maison Michelin est à l'origine de la fortune des Manset, mon grand-père ayant épousé une Daubrée. Plus tard, il était prévu que mon père siège au conseil de surveillance de la firme, mais la mort l'en empêcha, et c'est un de mes cousins qui le remplaça.

Si Clermont-Ferrand joua un rôle essentiel dans l'existence de ma famille paternelle, c'est à Bordeaux que bat le cœur des Guestier [1] dont ma mère est issue.

---

1. Pour l'histoire des Guestier, j'ai utilisé l'ouvrage très bien documenté de Nicolas Faith, *Château Beychevelle*, Olivier Orban, 1991.

Les Manset étaient militaires, les Guestier marins. Peut-être dois-je à cette origine guerrière et flibustière un caractère autoritaire qui se manifeste, paraît-il, trop souvent, en dépit d'une éducation sévère destinée à maîtriser ce penchant. Originaires de Bretagne, officiers de marine, mes ancêtres maternels avaient dû quitter la Royale au moment de la révocation de l'édit de Nantes. Le choix leur avait été donné : « Convertissez-vous, ou partez. » Entêté, en bon Breton, mon ancêtre Gabriel Guestier refusa de se soumettre et se réfugia avec les siens dans le Sud-Ouest, plus tolérant, conservant l'espoir de retourner en mer lorsque les esprits se seraient calmés. Son fils François s'installa à Bordeaux au début du XVIIIe siècle et devint le secrétaire du plus gros propriétaire vinicole de l'époque, Alexandre de Ségur, qui l'initia au métier de négociant. Ainsi, en 1736, on sait que les vins de Lafite et de Latour pouvaient être achetés chez M. de Ségur mais aussi chez M. Guestier, rue du Cerf-Volant à Bordeaux. Ma famille s'enracinait...

Toutefois, le fils de François, Daniel l'Ancien, ne renia pas ses origines de marin. Né en 1755, il s'embarqua à douze ans à bord d'une frégate, les poches lestées de pacotille, bien décidé à faire fortune aux îles. Il réussit dans son projet et revint quelques années plus tard propriétaire d'une importante plantation à Saint-Domingue, « Jacmel », où il s'était fait construire une demeure à colonnes au goût du jour. A son tour, il affréta des bateaux, fit du négoce, et la légende familiale raconte qu'il entreprit plusieurs fois le tour du monde, la cale chargée de tonneaux remplis des plus grands vins ainsi que de cognac afin de les faire vieillir. Pendant la Révolution, il était à Bordeaux lorsque la révolte éclata à Saint-Domingue et que sa plantation fut incendiée par les esclaves. Son frère aîné Pierre

François, son ami Nathaniel Johnston ainsi que son associé Hugh Barton, mari de la sœur de Johnston, ayant été jetés en prison, Daniel se retrouva seul et géra de manière avisée les affaires de chacun.

De son mariage avec Élisabeth Lys, fille d'un armateur, il avait eu sept enfants dont Anne Suzanne, dite Nancy, et une autre fille. Comment les deux petites se trouvaient-elles seules aux îles, sans leur mère, au moment des troubles ? L'histoire ne le raconte pas. Toujours est-il que Joli Cœur, l'un des esclaves de Daniel, en prit soin et réussit à atteindre Bordeaux avec elles après un long et difficile périple. Il fut accueilli par la famille en héros. Dès lors, plusieurs bateaux remontant la Garonne s'appelèrent *La Petite Nancy*, et nombreuses furent les filles de la famille à porter ce prénom. Plus tard Nancy épousa Jean Édouard Lawton tandis que l'un de ses frères, Pierre François, se mariait à Anna Johnston, la fille de Nathaniel, cette union contribuant au renforcement des liens familiaux et au développement des affaires.

Sous la Restauration, Daniel l'Ancien devint un des plus importants notables de Bordeaux. Nommé baron par Louis XVIII en 1816, il présida la chambre de commerce à partir de 1821, participa à la création de la Banque de Bordeaux et au financement du premier pont de la ville sur la Garonne. Avec Nathaniel Johnston, il fit construire un navire, appelé *La Garonne*, destiné à faire le service entre Bordeaux et Langon. Lors de son passage dans la ville, la duchesse d'Angoulême y prit place, ce qui explique que le navire ait été rebaptisé *Marie-Thérèse*. L'un de ses descendants, Guy Schÿler, a bien résumé cette brillante carrière : « Il a su organiser chacune des étapes de sa vie, marin, armateur, banquier, homme public, négociant et paysan, avec une clairvoyance et un bon sens admirables. »

Du vivant de Daniel, son fils Pierre François, qui porte le même prénom que son oncle, fut étroitement associé à la marche des affaires qui devinrent florissantes : la maison Guestier était la deuxième société de négoce des Chartrons, la première étant celle de Nathaniel Johnston, lequel est le septième contribuable de Bordeaux, Pierre François le vingtième. Si bien qu'en 1825, ce dernier, et en cela fortement poussé par son père, acheta Beychevelle, le « Versailles du Médoc », à la fois château et grand cru, dont le premier propriétaire fut le duc d'Épernon, grand amiral de la flotte sous Henri IV. Le domaine appartenait alors à Jacques Conte qui n'était autre que le grand-oncle de Pierre François. Il avait fait fortune en affrétant des navires corsaires, ce qui lui avait permis, en 1801, d'acquérir Beychevelle auprès de la marquise de Saint-Hérem et de s'acheter un hôtel particulier à Bordeaux connu plus tard sous le nom d'hôtel Piganeau. Toutefois, Conte ne s'était pas intéressé au domaine viticole proprement dit, et les spécialistes estiment que le classement du domaine en 1855 au rang de quatrième cru du Médoc – ce que je trouve personnellement remarquable ne serait-ce que pour avoir déjà bu de ce vin – est dû à cette relative négligence. Quoi qu'il en soit, pour les Guestier père et fils, il est clair que cet achat était moins lié à la passion du vin qu'au désir de rivaliser avec leurs associés, les Barton, propriétaires de Langoa, référence en matière de cru classé. Il n'en demeure pas moins que Pierre François a su développer la qualité de ce cru – saluée en 1866 par la deuxième médaille d'or décernée par la Société agricole de la Gironde – puisqu'à sa mort en 1874, ses dix enfants vendent Beychevelle pour la somme considérable d'un million six cent mille francs, soit le triple du prix d'achat à la grand-mère d'Achille Fould.

Les anecdotes concernant Beychevelle, berceau familial où mon grand-père Daniel Guestier naquit en 1851, ont peuplé mon enfance. C'est là, par exemple, qu'eut lieu le dernier duel dans le Sud-Ouest pour une question d'honneur avant la Révolution, le 14 mars 1789. M. de Budos, frère de Mme de Saint-Hérem, et le comte de Marcellus s'affrontèrent, et celui-ci, aïeul de Christiane de Marcellus, tante Cri, la femme de William Guestier, frère de ma mère, qui joua un si grand rôle dans ma vie, y trouva la mort. Quant à Joli Cœur dont je parlais précédemment, il fut installé dans une maison du domaine et je me souviens des yeux émerveillés que j'ouvrais en écoutant le récit de ses exploits par ma grand-mère et par mes tantes. Lorsque la nostalgie de son île le prenait, il sculptait dans du bouchon des paysages de sa jeunesse. J'ai vu chez ma grand-mère un véritable chef-d'œuvre représentant la maison de son maître à Saint-Domingue, ainsi que sa propre case flanquée d'un palmier. Il mourut dans l'affection générale laissant son nom attaché à une sauce qui, je le suppose, était une crème à la vanille accompagnant un gâteau au chocolat.

Pierre François nourrissait une véritable passion pour les chevaux. Il possédait un élevage à Bel Sito, sa propriété des environs de Floirac, et un autre à Beychevelle. Il fonda son écurie en 1821 qui, dans les milieux hippiques, devint célèbre lorsqu'il fit l'acquisition d'un étalon pur-sang très renommé, Young Governor, descendant du célèbre Éclipse dont les victoires sont innombrables. Cette tradition hippique s'est longtemps maintenue dans la famille, et c'est grâce à elle que mes parents se sont rencontrés. En effet, au cours d'un séjour chez sa sœur à Beau-Désert, devenu aujourd'hui l'aéroport de Mérignac, mon père fut présenté à mon grand-père Daniel Guestier qui l'invita à venir voir courir les chevaux de l'écurie dont il avait hérité de Pierre François. Je ne sais si mon père admira leur performance, mais je suis certaine qu'il fut séduit par la fille cadette de mon grand-père, Marie, âgée de dix-huit ans, car il la demanda en mariage peu de temps après. Le coup de foudre fut réciproque, et sa demande ayant été agréée, leur union fut célébrée à Bel Sito.

II

Premiers bonheurs, premier malheur

Entre toutes les figures qui peuplèrent mon enfance, j'ai conservé une tendresse particulière pour ma nurse anglaise, Lizzie – ma deuxième mère. A l'époque, les enfants ne vivaient pas comme aujourd'hui en permanence avec leurs parents. Relégués dans la nursery, ils obéissaient aux directives de leur institutrice ou, selon leur âge, de la bonne d'enfant, tandis que les parents, autorité suprême, intervenaient dans les grandes circonstances pour féliciter ou réprimander. Au demeurant, cela n'interdisait en rien l'échange d'une immense tendresse, à quoi venait s'ajouter le respect, notion que notre jeunesse a fâcheusement tendance à oublier.

Je me vois remontant l'avenue du Bois dans une des voitures importées du pays de ma nurse qui était, paraît-il, le comble de l'élégance. J'avais l'œil fixé sur le porte-parapluie en rotin, écoutant d'une oreille distraite le programme des réjouissances du jour. Souvent, les autorités de la République accueillaient un hôte étranger en visite à Paris, spectacle que pour rien au monde Lizzie n'eût manqué. La visite du souverain commençait à la petite gare Dauphine où, au son d'une fanfare militaire alignée sur le quai, débarquaient du train décoré des drapeaux de l'invité réunis aux nôtres des uniformes chamarrés, pendant que des dames élégantes s'empressaient autour du chef d'État. A trois ans, j'avais déjà la formation du parfait badaud. J'en ai conservé le goût...

Lorsque les défilés du 14 Juillet avaient lieu, nous étions, nurse et moi, au premier rang, hurlant à pleins poumons, applaudissant à tout rompre les fiers soldats. Je dois avouer que je battais les mains beaucoup plus en l'honneur du bouc, fétiche de la Légion, que pour les hommes : il marchait en tête, suivi des soldats dont le pas ralenti semblait vouloir s'aligner sur le sien. Ces manifestations guerrières me transportaient d'aise, et j'avais du mal à réaliser pourquoi mes parents paraissaient tellement sombres en commentant des événements politiques auxquels je n'entendais rien.

Leur inquiétude me faisait doublement apprécier la société de mes frères et de leurs amis qui m'apprenaient des chansons de corps de garde. Debout sur une table dans ma robe de broderie anglaise, des nœuds roses sur les épaules, je les entonnais sans en comprendre un traître mot, ravie de mon succès car saluée par les rires de ces monstres hilares. Le jeudi, nous allions à Saint-Cloud admirer la maestria avec laquelle tant Édouard que Philippe et Patrick jouaient au golf.

J'aimais particulièrement la promenade du dimanche matin avant la messe. Avenue Malakoff, l'église Saint-Honoré-d'Eylau était envahie de paroissiens de tous âges, certes plus ou moins fervents, mais fidèles à des rites qu'ils n'auraient voulu transgresser à aucun prix. J'étais surtout impressionnée par la jeunesse qui s'écrasait à la messe de onze heures et demie, venue se sanctifier après avoir sans doute dansé jusqu'à l'aube. Elle emplissait la nef, envahissant jusqu'aux escaliers. La cérémonie n'en était pas moins célébrée dans le recueillement, et les prières, dites en latin, reprises par tous, y compris les étrangers de passage ; quant aux files de communiants, elles s'étiraient dans trois contre-allées. Après quoi, tout le monde se retrouvait dans l'enceinte précédant l'église, avant de se diriger vers le bois de Boulogne.

A l'extérieur, les Camelots du roi prônaient les mérites de l'Action française, des garçons de vingt ans, pénétrés de leur importance, quêtaient en agitant des troncs pour la « protection de la jeune fille ». Parmi ceux-ci se trouvaient des amis de mes frères, ce qui faisait sourire ma mère. Moins nombreux mais tout aussi volubiles, se trouvaient les vendeurs de *L'Humanité* aux brassards rouges. Entre ces groupes, ne régnait pas une grande animosité. Ils se retrouvaient quelques heures plus tard, avenue des Acacias, et si quelques horions étaient échangés, c'était plutôt par jeu que par hostilité véritable.

L'avenue du Bois, cette allée qui vit passer à la Belle Époque tant de brillants équipages, était du temps de mon enfance le rendez-vous des élégances. Le côté ensoleillé était sillonné de dames portant chapeaux printaniers et robes fleuries, l'ombre étant réservée aux chevaux. Roulant au pas, les voitures aux carrosseries rutilantes attiraient l'attention des passantes par des klaxons fantaisistes empruntés aux airs à la mode ; ils véhiculaient les enfants gâtés de l'avant-guerre. Longeant à l'ombre l'allée cavalière, un chemin sablé rassemblait les parents qui, le plus discrètement du monde, surveillaient leur progéniture. C'est de ce côté que nous nous promenions. Les saint-cyriens, coiffés de leur casoar, remportaient comme toujours les suffrages dans leurs uniformes clairs contrastant avec ceux des polytechniciens à l'apparence sévère, que démentaient toutefois leurs regards, dissimulés pour la plupart derrière des verres épais.

Le jeudi, toujours flanquée de nurse, j'allais goûter chez une cousine de ma mère dont les filles de mon âge portaient le beau nom du peintre Fragonard, leur aïeul, ou bien encore chez mon autre cousine, Yolande Vieljeux. Mais de telles sorties n'étaient pas fréquentes, et je n'avais jamais le droit de retrouver mes petites camarades, soit parce que ma famille ne connaissait pas la leur, soit parce que nurse ne les trouvait pas à son goût, leurs bonnes étant allemandes. Les jours de vacances s'écoulaient le plus souvent au bois de Boulogne en des promenades au pas de course qui s'achevaient par un retour à la salle d'étude où je pouvais lire à volonté tout ce qui me tombait sous la main, y compris *L'Excelsior* et *L'Illustration* dont les images faisaient tout l'attrait. La « Semaine camique », rubrique rédigée par Cami, me ravisssait par sa drôlerie. Les événements politiques y tenaient une grande place grâce aux nombreuses photographies. J'appris ainsi par l'ancêtre de la bande dessinée ce qui se produisait dans le monde, préférant toutefois de beaucoup les mariages royaux aux reportages sur les activités des hommes politiques.

J'étais trop jeune pour savoir que, dans la vie, le malheur frappe à tout âge, sans prévenir et sans discrimination. En effet, la vie s'écoulait heureuse, jusqu'à l'accident de mon frère Philippe, dont j'eus la préfiguration dans l'un de mes rêves. Une nuit à Argeville, propriété de mes parents, des cris d'orfraie réveillèrent nurse qui occupait le lit jumeau du mien. Trente secondes plus tard, elle se penchait sur la fillette secouée de sanglots qui proférait une multitude de mots incompréhensibles où revenaient sans cesse Philippe et une chaise qui tourne. Ma mère survint à son tour, ayant entendu de sa chambre des bruits insolites et compris que les consolations proférées par nurse ne réussissaient pas à tarir le déluge de larmes de sa dernière-née. Avec son autorité coutumière, elle tenta elle aussi de me rasséréner et conclut après un interrogatoire serré que la cause de ce cauchemar était probablement une indigestion de gâteau au chocolat. A la longue, elle réussit à obtenir des détails concernant le rêve, où il était question d'un accident d'automobile et d'un homme noir au crâne enchâssé dans un casque de cuir lacé sur les côtés et traversé de tubes argentés comme des étoiles. Le calme revenu, ma mère regagna sa chambre, non sans s'interroger sur l'histoire, lue ou contée, qui avait dû certainement m'impressionner.

Le lendemain, le soleil brillait, inondant de ses rayons la campagne environnante dont les arbres se couvraient des premières feuilles d'un vert printanier. Mon rêve fut aussitôt oublié par les grandes personnes et logé à la même enseigne que l'autre cauchemar, celui qui revenait le plus souvent, où il était question d'un train entrant en gare, fermé de toutes parts, d'où s'échappaient des plaintes et des soupirs, et dans lequel il ne fallait pas monter. Celui-là, j'en compris la signification bien plus tard.

L'été suivant à Arcachon, mon frère Philippe eut ce terrible accident d'auto qui devait laisser sur son visage des marques indélébiles. La voiture décapotable, conduite par un ami, le soir sur la route du Pyla, dérapa sur le sable du bas-côté, fit une embardée, puis trois tonneaux pour se coucher enfin en bout de course sur le remblai. Trois occupants furent éjectés ; seul demeurait dans la carcasse Philippe retenu par ses grandes jambes coincées sous le tableau de bord. Sa tête avait servi de pivot à la machine devenue folle. Lorsque les secours arrivèrent, on s'empressa autour du conducteur inanimé au bord de la route ; quant à Philippe il fut laissé pour mort.

A l'époque, la pénicilline n'était pas encore utilisée en France, et comme le dit brutalement le médecin à ma grand-mère accourue sur les lieux de l'accident : « De toute façon, madame, il ne passera pas la nuit, et même s'il parvenait à survivre vingt-quatre heures, il ne pourra jamais résister à l'infection. » Son visage était si déformé que même sa mère ne le reconnut pas, ce qui fut pour elle un choc épouvantable. Loin de se laisser aller à la douleur, avec cette force que seul engendre l'amour maternel, elle décida de livrer bataille à la mort sans perdre un instant. Elle mit toute la faculté en mouvement, sous l'autorité d'un ami de mes parents, le docteur Martel. Deux années s'écoulèrent alors, faites de douleur, de courage, de dévouement et d'espoir au cours desquelles je ne revis pas mon frère. Le plus éprouvant fut de refaire un visage à ce garçon de dix-huit ans que la nature avait comblé de ses dons, que quelques secondes d'inattention avaient réduits à néant. Les chirurgiens-dentistes qui s'en occupèrent y parvinrent mais au prix de terribles souffrances. Je compris alors à quoi servait la chaise tournante de mon cauchemar.

C'est au Sacré-Cœur de Montmartre où nurse m'avait conduite que je revis Philippe pour la première fois. Il portait sur la tête le fameux casque de cuir noir qui m'avait tant terrifiée dans mon sommeil, lacé sur les côtés, laissant apparaître une infime partie d'un visage inconnu de moi où, seuls reconnaissables, riaient les admirables yeux bleus dont ma mère était si fière. Le rêve était effacé, même si nurse, maman et moi continuâmes à nous en souvenir. Quant à l'accident – ce signe du destin –, il devait ouvrir la voie aux malheurs qui allaient suivre.

III

Départ précipité pour Argeville

« Levez-vous vite, Baby, il faut vous habiller, nous partons pour Argeville.

— Nous partons au milieu de la nuit, pour quelle raison ? Il fait si noir.

— Ne discutez pas et dépêchez-vous. »

A moitié endormie je sors de mon lit et j'enfile mes chaussettes.

« Vite, vite, Monsieur a dit que nous devions avoir franchi les portes de Paris avant l'aube. »

Tout en me brossant les cheveux, je me demande pourquoi on me fait quitter ma chambre bien chaude au milieu de la nuit. Je l'aime bien, ma nouvelle chambre. Elle donne sur l'arrière de l'hôtel particulier de mes parents. De ma fenêtre, j'aperçois la maison de mon amie Loute de Ladoucette. Il nous arrive de nous faire des signes de loin. La nursery a été transformée à l'occasion de mes huit ans ; lorsque j'étais encore bébé, elle était rose, une frise courait au ras du plafond représentant les aventures de Bécassine. A présent, elle est coquille d'œuf. Un divan bleu a remplacé mon lit de cuivre, dont la flèche supportait des rideaux en tulle point d'esprit. Maman y avait épinglé une image de ma sainte patronne, Élisabeth de Hongrie.

Alors que je finis de m'habiller, j'entends deux heures sonner à la pendule de la salle d'étude. La porte s'ouvre devant ma mère, enveloppée dans un grand manteau et qui me semble bien contrariée, mais elle ne dit mot. Nurse a préparé à la hâte quelques bagages et nous descendons le grand escalier dans un silence total. Suivies de Lizzie et du chien Sandy, nous prenons place dans le coupé Citroën. Les phares éclairent les rues désertes. Porte d'Orléans, nous atteignons l'octroi où nous nous arrêtons en revenant de la campagne pour payer une taxe quand papa rapporte des perdreaux et des faisans après une journée de chasse. Le chauffeur roule lentement, nous passons sans encombre avant de prendre la route de Monthléry et Arpajon. Soixante-dix kilomètres, c'est peu, mais le trajet me semble long, sans parler, sans comprendre les raisons de ce départ précipité, d'autant que je sens les grandes personnes inquiètes.

Depuis plusieurs semaines déjà, les gens s'agitent dans Paris. La semaine dernière, mon frère Philippe, que l'on continue à soigner à la suite de son accident, a dû faire un détour pour se rendre chez son médecin. Heureusement, il était conduit par Émile, le chauffeur de maman, au volant de la belle Hotchkiss. Celui-ci, en arrivant place de l'Étoile, perçut l'agitation et la violence qui y régnaient. Philippe était dans l'impossibilité de faire quoi que ce soit, ayant la mâchoire soutenue par des sangles, aussi, se retournant vers lui, Émile lui dit : « Monsieur, couchez-vous dans le fond de la voiture, ils renversent les automobiles, et vous ne devriez pas vous montrer. Moi, avec ma tenue, je ne risque pas grand-chose. » C'est ainsi qu'ils purent passer au milieu de la foule hurlante.

Sans m'en apercevoir, je me suis assoupie. Un brusque cahot me réveille. Pendant le trajet, j'ai dormi au fond de la voiture et suis tout engourdie lorsqu'il faut descendre. Nous franchissons le portail. A part un frisson de froid, ce départ inattendu pour la campagne me convient. Je vais retrouver les chevaux, les cockers Pif et Paf qui ne nous suivent jamais à Paris, Janine Michaud, la fille de l'électricien. Aujourd'hui, il n'y a personne pour nous accueillir tellement notre départ a été précipité. C'est à ce moment que je réalise combien la raison de ce voyage doit être sérieuse et je me risque timidement à questionner maman. A ce qu'elle me dit, je comprends qu'il fallait quitter Paris rapidement car on s'y est battu hier. Je me souviens maintenant de la conversation échangée entre Eugène le concierge et Raphaël le cuisinier ; je ne comprenais pas pourquoi ils avaient l'air si furieux. Eugène clamait : « Nous n'allons pas nous laisser faire, nous descendrons les Champs-Élysées avec les Croix-de-Feu du colonel de La Rocque. » C'est beau, ce mot Croix-de-Feu ; je les imagine tels des farfadets éclairant l'avenue pendant que le pas des vieux soldats scande la descente vers la place de la Concorde. Peut-être étaient-ils furieux parce que les grilles qui entourent les pieds des arbres ont été arrachées ou plus simplement parce que tout le monde crie si fort dans les rues.

Tout cela, après tout, est une histoire de grandes personnes. En ce qui me concerne, je pense que c'est une bonne chose puisque cela me permet de séjourner dans mon cher Argeville. Je partage l'amour de mon père pour ce hameau – du reste je partage tous ses goûts. Cette maison est pour moi le lieu du bonheur et des retrouvailles, alors que mes frères ont laissé leur cœur à Autry, la vieille demeure familiale dans les Ardennes françaises qu'il fallut abandonner après la guerre de 1914 parce que les terres avaient été tellement labourées par les bombardements qu'on ne pouvait pas s'y risquer sans crainte de sauter sur un obus abandonné – raison pour laquelle elles furent classées zone rouge. Après quoi, mon père loua « La Sistière », un château en Sologne entouré de forêts giboyeuses où mes frères retrouvèrent l'ambiance d'Autry, mais il n'eût pas été concevable de l'acheter en raison d'importants travaux de restauration à effectuer et de l'éloignement de Paris. C'est pourquoi, deux ans après ma naissance, papa jeta-t-il son dévolu sur Argeville.

Argeville est un domaine de mille hectares qui s'étend sur le Loiret, la Seine-et-Marne et la Seine-et-Oise. Plusieurs constructions groupées autour des vestiges d'un ancien couvent forment ce hameau qui évoque *La Petite Fadette* de George Sand. A l'époque, seuls demeuraient la maison du garde Aristide, le moulin fournissant l'électricité et le lavoir où les femmes venaient au bord de la rivière battre le linge à grands mouvements de bras tout en échangeant les dernières nouvelles du jour ponctuées de rires joyeux. La lessive était alors une véritable cérémonie, et les grandes mannes recueillaient – elles recueillent encore aujourd'hui – les draps éclatants de blancheur, pendant que les flots paresseux de la rivière emportaient la mousse vers le barrage en aval.

Le potager clos de murs, dont les allées bordées de poiriers suscitent mon admiration : alignés en espalier, ils tendent vers moi les petis sacs percés d'ouvertures où mûrissent les doyennés du comice. Entre la rivière et la porte en bois donnant sur la route se trouve la maison du jardinier, dont la serre garnie de glycine, en contrebas, abrite les boutures. En hiver, on y range les caissons d'orangers.

C'est dans le bâtiment principal que vivent mes parents. Une porte cochère peinte en rouge cloutée de noir et flanquée d'une porte plus petite donne accès à la cour d'entrée de ce que les gens du pays appellent pompeusement « le château ». Une pelouse tondue de près, au centre de laquelle se dressent deux acacias centenaires, un pigeonnier où les fruits ont remplacé les oiseaux jugés néfastes pour les toitures, enfin la Folie, perchée sur un tumulus fleuri, confèrent un air romantique à l'ensemble. La Folie est en bois, desservie à l'extérieur par un escalier qui conduit à une salle où mes frères jouent au billard. Elle est éclairée de toutes parts, mais je n'aime pas y aller parce que, comme le dit nurse, « les grands n'ont pas besoin de vous », et je redoute l'escalier, car on voit au travers des marches, ce qui me donne le vertige.

La maison donne une impression de sécurité, de calme, ce que j'aime par-dessus tout ; elle est précédée d'un trottoir en pavés qui me paraît immense. On pénètre dans le hall par une porte-fenêtre. C'est ma pièce préférée. Là, mon père travaille à son bureau, pendant que je contemple assise sur le grand canapé de cuir les bûches flamber dans la cheminée. Le feu me fascine, on y voit danser des personnages mystérieux qui s'étirent au rythme des flammes. Parfois, un monstre me regarde prêt à me dévorer, ce qui me donne le frisson, par moments au contraire je crois apercevoir une fée aux longs cheveux, protectrice de la maison et de tous les miens. Une douce chaleur règne dans la pièce, ma mère tricote des bas de laine à trois couleurs que les garçons arboreront à l'occasion des chasses.

Nous allons rarement au grand salon qui évoque moins la chasse avec ses meubles en acajou d'origine bordelaise, ses fauteuils raides au charme conventionnel, ses murs tendus de toile verte. A côté, une toute petite salle presque entièrement occupée par une table à jeux et quelques chaises. Bien qu'elle sente un peu le moisi, je m'y sens bien, surtout quand les grands me permettent de les regarder jouer au bridge. A droite du hall, la salle à manger, suivie de l'office, où William le jardinier fait déposer tous les matins les fleurs destinées à garnir les vases, des zinnias, ou des fleurs encore plus laides, jaunes, des œillets d'Inde qui empestent.

Ma chambre est perchée en haut de l'escalier, au premier étage, à côté de celle de mes parents. Les deux fenêtres donnent sur la cour d'entrée, les murs sont tapissés d'un papier rose, mon lit peint en blanc. Devant la cheminée, nurse a placé un paravent sur lequel figure un traîneau glissant sur un étang. Poussé par un garçon en chapeau de fourrure, il est occupé par une jolie dame. Il m'arrive de rêver à ce que serait une promenade de ce genre sur un lac gelé, mais ici la rivière n'est jamais assez prise en hiver. Le matin, je suis réveillée par le bruit des râteaux : les hommes tracent des lignes droites dans le sable des allées, ou bien je reconnais le « shuit shuit » des balais qui réunissent en colonnes régulières les feuilles des acacias. Dans un demi-sommeil, j'imagine le mouvement des manches terminés par des fagots de bois. Comme il est bon et rassurant ce bruit, surtout lorsque je viens de m'éveiller en nage après cet affreux cauchemar qui ne me quitte pas.

Le paddock où s'ébattent les chevaux de mon père, clôturé par un mur où trône une statue, est situé derrière la maison. Pour leur rendre visite, il faut descendre la rampe, traverser le portillon de bois peint, sans oublier de leur apporter une pomme ou du pain. Ils arrivent alors au galop, heureux d'accueillir tous les matins la petite fille qui leur tend cette friandise sur une main bien à plat ; leurs naseaux de velours soufflent en guise de remerciement, puis ils repartent brouter l'herbe. Les écuries sont spacieuses, les noms des chevaux figurent dans chaque box, dans le coin se trouve celui de Joy, mon poney. Joy m'aime bien, mais déteste

Départ précipité pour Argeville

le cocher. Il a raison, je ne l'aime pas non plus, c'est un méchant homme ce Théodore, qui l'attache à la sortie des cafés au lieu de l'emmener promener et le bat quand il a trop bu. Papa s'en est aperçu, il va s'en séparer, mais Joy est resté craintif et j'en ai parfois peur. Toutefois, je peux l'embrasser sans crainte, car il me regarde avec ses bons yeux, et je sais qu'il ne me fera jamais de mal.

Nous sommes restées trois mois à Argeville, nurse et moi, maman ayant regagné Paris pour soigner mon frère. Il paraît que tout va bien maintenant, le calme est revenu, nous pourrons bientôt la rejoindre. Les adultes prétendent que, ce 6 février 1934, nous avons vécu une révolution. Il y avait, paraît-il, plein de monde place de la Concorde, les députés ont dû quitter le Palais-Bourbon, c'est là que les gardes mobiles, après sommations, ont tiré sur la foule. Il y a eu sept morts et beaucoup de blessés, on a incendié des autobus et brûlé des papiers devant le ministère de la Marine. Un groupe d'anciens combattants s'est précipité vers le faubourg Saint-Honoré, je pense qu'Eugène le concierge était parmi eux. Finalement, on s'est battu de la Concorde à l'Opéra, les gendarmes ont tiré, il est resté seize morts sur le pavé et de nombreux blessés. Heureusement, papa et Patrick se trouvaient au Grand-Palais où il y eut beaucoup de bruit mais pas de combats. Tout devait se passer calmement, disait-on, au son de *La Marseillaise*, drapeaux tricolores en tête, mais il y a eu les sommations, les coups de feu et, pour finir, tous ces morts. Ensuite le maréchal Pétain a été nommé ministre de la Guerre, ce qui a fait plaisir aux anciens combattants, et le temps a passé.

IV

Une partie de chasse manquée

Deux années se sont écoulées au cours desquelles il m'a fallu beaucoup travailler parce que j'avais envie de collectionner « Les contes et légendes ». Papa me donne une pièce de dix francs quand je suis la première de la classe, ainsi suis-je doublement récompensée par le plaisir qu'éprouvent mes parents et mon institutrice et la joie de voir ma bibliothèque s'agrandir. En mars 1938, j'ai fêté mes douze ans, mais je trouve cet âge sans intérêt ; ma cousine Béatrice qui en a seize a l'air d'une grande personne, se met du rose aux lèvres et fait rire maman à qui elle fait ses confidences et raconte ses états d'âme, ce qui m'énerve un peu car personne ne s'intéresse aux miens. A la réflexion, cela m'est égal, je préfère lire *Jean Tapin*, *Petit Marsouin* et *La Lionne de Clisson*, les livres de prix d'Édouard. On m'a souvent répété : « *Children are made to be seen not heard.* » Bravo, voilà qui me convient fort bien, inutile de se fatiguer à parler, on peut de la sorte observer et écouter ce que racontent les grandes personnes, c'est souvent intéressant, même si elles disent parfois pas mal de sottises.

Ma mère parcourt des kilomètres à pied, sur les routes, d'un pas rapide, s'appuyant sur une canne en bambou. Elle veut que je l'accompagne parce que l'exercice me fait, paraît-il, du bien. Ces promenades sont longues et seraient bien ennuyeuses si elle ne me racontait, tout en allant, le livre qu'elle vient de lire. Elle adore les ouvrages d'histoire, aussi Aliénor d'Aquitaine, l'impératrice Eugénie, Napoléon, Charlotte Corday, Robespierre, Talleyrand ou même Danton sont devenus des amis au même titre que Bécassine. Mes frères possèdent la collection des « Alexandre Dumas », mais je n'ai pas encore le droit de les lire. Heureusement, ma belle-sœur Solange, la femme d'Édouard, qui me gâte, m'a offert des romans de Marlitt. Tout se passe dans des principautés allemandes; on y voit des dames d'honneur, un maréchal de la Cour. Quant à l'intrigue sentimentale qui en constitue le fond, elle me ravit. La famille n'a pas osé m'en interdire la lecture pour ne pas faire de peine à Solange.

Bientôt les chasses vont reprendre. Les amis de papa arriveront avec leur chargeur et leurs chiens et nous irons les retrouver dans les bois après le déjeuner. Bien entendu, il y aura M. de Ségur que tout le monde appelle Guillaume : il me plaît car il a des yeux rieurs, et des histoires à raconter. Il me baise toujours la main en me disant : « Mademoiselle Élisabeth, vous êtes une charmante personne. » J'aimerais rencontrer sa femme, c'est une actrice du nom de Cécile Sorel, elle ne l'accompagne jamais, mais les frères m'ont dit qu'elle avait fort à faire avec un escalier qu'il lui faut sans cesse descendre, ce qui semble beaucoup la préoccuper, car elle demande chaque fois : « L'ai-je bien descendu ? » J'ai un faible pour M. de Martel, il a un cheveu sur la langue et plisse les yeux en parlant. Il dirige une clinique rue Piccini où tout le monde se bouscule. C'est lui qui m'a opérée de l'appendicite quand j'avais trois ans. Mais celui que je préfère, c'est M. de Lestrange, qui a une barbe grise et des yeux bleus. Quand je vais m'asseoir sur sa canne de battue, il me chante : « Les poissons de la mer Rouge ont des écailles sur le dos », ce dont je me serais doutée, tout en ajoutant : « Ils n'ont pas de parapluie, ça va bien quand il fait beau, mais quand il tombe de la pluie, ils sont trempés jusqu'aux os », et j'en reste rêveuse. M. de Martel qui est, dit-on, si sérieux a toujours, lui aussi, des histoires amusantes à raconter. Il m'a avoué que, jeune, il était un petit diable, ce qui semble surprenant, mais il faut bien le croire puisque sa mère raconte dans un livre les farces qu'il inventait avec son frère et sa sœur avant de devenir un homme aussi important. Le volume se nomme *Un trio turbulent* et sa mère a signé Gyp.

Cependant, cette année, tout est différent. Patrick, qui commence son service militaire, et Philippe, qui termine le sien, sont consignés dans leurs quartiers respectifs. Il paraît même que l'on va maintenir la classe de Philippe sous les drapeaux à cause d'un certain Adolf Hitler qui est le sujet de toutes les conversations. Quant à Édouard, venu en permission ces derniers jours, il a dû rejoindre son régiment, le 5e cuirassiers, autrefois le Royal-Pologne. Les grandes personnes parlent politique sans arrêt et je n'y comprends pas grand-chose, pourtant je vois à leur mine que la situation doit être grave. La vie n'en continue pas moins, mes amis chiens et chevaux sont toujours prêts à me faire fête, mais la maison sans les trois frères est bien vide. Maman ne se plaint jamais, toutefois je suis surprise de sa tristesse, elle voit tout en noir, et je l'ai entendue faire promettre à nurse de ne jamais me quitter s'il lui arrivait quelque chose.

Aujourd'hui, alors que tous les amis de papa sont arrivés, j'entends que la chasse est annulée à cause de la crise des Sudètes qui provoque le rappel des réservistes. J'ignore ce que sont les Sudètes, mais je comprends que la plupart de nos hôtes vont devoir regagner leurs casernes et je n'ose pas poser cette question qui me tarabuste : « La guerre va-t-elle éclater ? » Maman reste calme comme toujours, mais je vois bien qu'elle a envie de pleurer. Avant de se séparer, les invités, le regard sombre, commentent l'événement. Assise dans un coin en compagnie du chien, je les observe. Ils sont une dizaine environ, tous portent le traditionnel costume de chasse, certains ont préféré les leggings de cuir aux chaussettes écossaises, les vestes de tissu sont équipées aux épaules et parfois aux coudes de pièces de daim destinées à protéger le tissu de l'usure provoquée par le fait d'épauler. Cigarette à la main, le sourcil froncé, chacun défend son point de vue.

« C'est une plaisanterie, la guerre ne peut avoir lieu ! Nous ne sommes pas armés. Pourquoi cette agitation ? Le budget de l'armée est réduit à rien, et les esprits ne sont pas prêts au sacrifice. Depuis plusieurs années, il est question de droits plutôt que de devoirs. Si un conflit éclate, vous verrez, nous aurons de mauvaises surprises. Avez-vous lu ce livre écrit par cet officier, de Gaulle ? Il insiste sur l'importance des chars dans une guerre moderne. Nous en possédons peu tandis qu'une grande partie de la cavalerie est encore montée.

— Il faut respecter nos engagements, on ne peut pas laisser Hitler continuer à agir comme il le fait, arrêtons ces invasions, sans quoi nous le verrons bientôt débarquer chez nous.

— Il fallait s'y attendre. Le jour de l'armistice en 18, j'avais prévu que vingt ans plus tard nous serions à nouveau en guerre. Il est certain que nous aurions mieux fait d'aller jusqu'au bout : occuper l'Allemagne puisque nous étions vainqueurs. Les Allemands veulent leur revanche, mettre la main une seconde fois sur l'Alsace et la Lorraine. Malheureusement, nous les avons laissés faire ; à présent, il est trop tard et nous allons payer cher les erreurs du traité de Versailles. »

Jean de Caraman-Chimay prend alors la parole ; il est grand, son visage est souriant quoique ses propos soient graves : « Souvenez-vous, tout a commencé en 1908, année qui portait en elle les germes des malheurs qui devaient fondre sur le monde lorsqu'un Autrichien imbécile, le baron d'Aehrenthal, s'avisa d'annexer à son pays la Bosnie et l'Herzégovine, ce qui agita les chancelleries. C'est alors que commença à se tisser la sombre étoffe sur laquelle devait se broder en lettres de fer et de sang le destin de la première moitié du xxe siècle. C'est de là que partit l'irrédentisme serbe, l'une des causes profondes de la guerre de 14 qui, contrairement à ce qui se dit et s'écrit, fut le résultat de la rivalité austro-russe plus encore que de la course à la suprématie navale anglo-allemande.

« Cet Aehrenthal, sous l'influence du " parti de la guerre " et des Hongrois, marié à une Hongroise, toujours flanqué de son inséparable Esterházy, avait, lors d'une entrevue arrangée au château de Borchtald avec Iswolski, conclu un accord secret avec ce dernier, permettant aux Autrichiens de s'emparer de la Bosnie et de l'Herzégovine, contre de vagues promesses faites aux Russes concernant les Détroits. Ces derniers, bien que se considérant protecteurs de droit de tous les Slaves, auraient ainsi trouvé aux Dardanelles une compensation à leur humiliante défaite face aux Japonais.

« Mû par le désir de consolider la double monarchie menacée au sud par l'irrédentisme croate, Aehrenthal crut donc habile, malgré la crainte manifestée par François-Joseph à l'idée d'un conflit, qu'en susciter un entre la Serbie et la Turquie provoquerait l'intervention de la Grèce et de la Bulgarie, toutes deux ennemies des Serbes. Il imagina que la Bulgarie qui, au demeurant, n'était qu'une dépendance russe, serait victorieuse de la Serbie et l'affaiblirait, tandis que la Russie, alléchée par l'idée d'accéder aux Détroits, laisserait faire.

« Ce plan machiavélique n'eut le don de plaire ni aux Russes, peu satisfaits de l'éventuel écrasement des Serbes, ni aux Autrichiens qui voyaient avec inquiétude les premiers se rapprocher de ce que Napoléon appelait " la clef du monde " et encore moins aux Anglais, inquiets que la flotte russe soit libre d'échapper des confins de la mer Noire. Si l'Autriche put momentanément s'adjuger la Bosnie et l'Herzégovine, la guerre des Balkans devait éclater peu de temps après. La Serbie en sortit arrogante et démesurément grandie. En définitive, dans ce château de Moravie, Aehrenthal aura ouvert la boîte de Pandore d'où devaient sortir tous les malheurs dont nous n'avons pas encore fini de ressentir les effets. »

Le silence qui suivit cet exposé est interrompu par une voix jeune : « Cette démonstration de force de notre part est un moyen de pression, Hitler va se calmer en nous voyant montrer les dents. » Le ton monte, les visages se crispent. M. de Martel hoche la tête, il a l'air particulièrement ému, je ne sais pourquoi maman m'a raconté que son fils a été tué lors de la Grande Guerre. A table, la conversation a continué de même, chacun a parlé de son régiment, de l'endroit où il doit se rendre, mais ils l'ont fait sans entrain, se demandant si la guerre allait réellement éclater.

Ils sont tous partis après le déjeuner. Il n'y a pas eu de battue, d'autant que les gardes-chasse doivent eux aussi se préparer à regagner leurs régiments. Aristide est en âge de partir, tout comme Cabaret et Hurlin. Le vieil Ardillet restera seul avec nos bûcherons espagnols qui habitent le prieuré de Ninveau. Ils sont une dizaine réfugiés chez nous depuis la guerre d'Espagne. Ils aiment raconter des histoires de leur pays avec un accent rocailleux ; ils ont la nostalgie du soleil brûlant, de leurs coutumes ancestrales, et vivent comme des ermites, évoquant le passé, les familles qu'ils ont dû quitter, les danses folkloriques et les corridas. Le plus jeune, Diego, m'a montré comment faire de la vannerie : c'est un peu comme de la dentelle, et je vois émerveillée naître sous ses doigts les objets les plus divers. Nurse, elle aussi impressionnée par son habileté, me laisse regarder. Le soir, ils font des feux et chantent d'une voix rauque des airs nostalgiques.

« Pourquoi ne partent-ils pas se battre ? ai-je demandé à papa.

— Ils sont étrangers.

— Pourquoi ont-ils quitté l'Espagne ?

— Parce qu'ils ne partagent pas les opinions du général Franco, mais cela ne nous concerne pas, ce sont de braves gens qui travaillent dur et s'abstiennent de toute propagande.

— Qui est le général Franco, papa ? »

A présent, je me souviens avoir vu son portrait dans *L'Illustration*, il portait un calot, un pompon tombant sur le côté. Nurse m'a dit qu'il protégeait les bonnes sœurs, toutefois mes amis ont dû quitter l'Espagne à cause de lui. Décidément, pour moi, la politique est un mystère. Nurse a ajouté que rien n'était perdu, que le rappel des réservistes n'était pas la guerre, qu'il fallait beaucoup prier pour qu'elle n'ait pas lieu, et que de toute façon les Anglais nous aideraient à arrêter ce méchant homme.

Demain, j'irai à Boigneville demander à Dieu de nous protéger. L'église est très ancienne, avec une crypte qui abrite des fresques. Et puis il y a la cloche dont je suis marraine, ce qui me donne de l'importance vis-à-vis des enfants du village. Le baptême d'une cloche est une chose très amusante. Un jour, j'avais cinq ans, on s'aperçut que celle-ci était fendue. Il fallut la descendre du clocher, la réparer, la baptiser à nouveau et on me permit de choisir son nouveau nom. Comme toutes mes poupées s'appellent Philippe, à part Bamboula, c'est ce nom que j'ai choisi.

Avant de partir, Édouard nous a dit quelque chose qui m'inquiète beaucoup : « Il va falloir penser aux chevaux. En temps de paix, les régiments de cavalerie ont les leurs, mais en cas de guerre il en faut davantage, et c'est alors la réquisition pour ce que les militaires appellent la remonte. » Tous les jours je cours aux écuries, c'est l'heure à laquelle mes amis savourent ce qu'on met dans leur mangeoire, ils remuent leurs sabots dans la litière fraîchement renouvelée. J'observe le mouvement de leurs maxillaires qui broient avec délices la nourriture tant attendue. L'odeur de paille me grise comme le meilleur des parfums, ils se retournent en m'entendant arriver, avec parfois un hennissement d'accueil et, posé sur moi, le regard de leurs yeux bordés de longs cils.

Nous retournons à Paris pour nous rapprocher de Patrick, stationné au quartier Dupleix avec son régiment, le 11e cuirassiers. Il nous raconte que les cavaliers sont prêts à se battre, ce qui ne me surprend pas. Ne dit-on pas que la cavalerie est une arme d'élite ? Pourvu qu'on ne construise pas ces horribles tranchées pleines de boue comme j'en ai vu dans un livre sur la guerre de 1914. Ils pourront alors montrer leur courage et remporter une glorieuse victoire en chargeant l'ennemi. En esprit, j'imagine la scène : dans un nuage de poussière, les cuirassiers foncent sur leurs adversaires pendant que les clairons battent la charge, les drapeaux flottent au vent, les cris de rage retentissent. Les Allemands sont cloués sur leurs canons avant même d'avoir eu le temps de se battre. C'est la gloire ! Mon envolée lyrique et muette est interrompue par le départ, l'heure est en effet venue pour mon frère de rentrer au quartier.

L'atmosphère en ville est bien différente de celle de la campagne, les gens discutent âprement dans la rue : il y a ceux qui en veulent en découdre (Eugène le concierge est de cet avis), arrêter ce fou qui envahit tous ses voisins. Les autres disent que nous ne sommes pas prêts, la plupart n'ont aucune envie de se battre et ne s'en cachent pas. Je ne les comprends pas et leurs propos me choquent. Papa est rentré. Il est paraît-il trop vieux et, pour le moment, le pays n'a pas besoin de lui. Son uniforme a retrouvé sa place dans la malle à camphre. Je lui ai demandé pourquoi il ne portait pas la belle cuirasse et le casque à queue de cheval que j'admire tant au-dessus de l'armoire lorsque je grimpe l'escalier menant à l'étage des enfants, rue Leroux. Il m'a répondu en riant : « Ceci, c'est pour la parade. Au combat, les soldats doivent porter des uniformes plus discrets. » Je me souviens de la rétrospective au Grand-Palais il y a trois ans. Maman m'y avait emmenée pour me faire admirer les uniformes des régiments à cheval depuis les temps les plus reculés. Les plus beaux dataient de Louis XIV. Aujourd'hui, en y repensant, ces uniformes me semblent dérisoires. La guerre se prépare, elle pourrait éclater d'un moment à l'autre et elle ne ressemblera sûrement pas à une « guerre en dentelles ».

V

Solange

Depuis qu'elle est arrivée dans la famille, j'aime beaucoup Solange Heeren, celle que j'appelle la grande sœur. Malheureusement, elle est souvent malade. J'ai été sa demoiselle d'honneur lorsque mon frère Édouard l'a épousée, j'avais huit ans et demi, l'air d'un champignon sous mon immense capeline blanche, nouée sous le menton d'un ruban de velours rouge. Mon cavalier, Edmond de Rothschild, était en Eton, et j'ai quêté avec une petite bourse en tulle point d'esprit semblable à ma robe de chez Worth, accompagnée d'Edmond en haut-de-forme. Tout le monde nous souriait, et je crois que le curé a été content de sa recette.

Solange occupe une grande place dans ma vie : elle m'a appris à tricoter des chaussons. Les premiers n'étaient pas formidables, mais à présent je les réussis très bien, ce qui me permet d'en offrir à la paroisse au moment de la vente de charité. Je lui en ai donné une paire pour le jour où elle aura un bébé. A Argeville, lorsque Édouard et Solange se sont installés pour passer l'été 1938 dans la maison du jardinier transformée en habitation, la vie est devenue beaucoup plus gaie. Elle joue très bien du piano, elle me fait chanter des airs que nous accompagnons à quatre mains, et elle me tricote de jolis chandails pour l'hiver. J'aime tellement l'entendre rire ; son rire est particulier, qui monte, monte, et me donne l'envie d'en faire autant, mais souvent ses grands yeux bleus sont tristes et je ne sais que faire pour la consoler. Elle m'a promis d'accrocher une poupée à son balcon quand son bébé sera là : tous les matins je regarde, mais il n'y a que des fleurs.

Noël approchant, il m'a fallu admettre l'évidence, la grande sœur va de plus en plus mal. Un soir à Argeville, je voulus me rendre auprès d'elle. Par la fenêtre, je guettais la lumière derrière ses rideaux, les volets n'étaient pas fermés, fallait-il que la panique ait régné pour que la femme de chambre ait oublié de les clore. Mon imagination vivait le drame dissimulé derrière le chintz à fleurs. Une heure, deux heures passèrent, la lumière était toujours allumée, je n'avais pas le courage de me coucher. Bamboula serrée sur mon cœur, le chien sur les talons, je suis sortie dans le jardin afin de m'approcher de la maison, bien enveloppée dans ma robe de chambre rose. Je me suis hissée sur le mur, il m'a semblé voir Amédée le maître d'hôtel sortir en courant. Sans doute allait-il chez le garde pour obtenir le numéro de téléphone du médecin, mais je n'ai pas osé demander de nouvelles. Comme j'avais peur d'être grondée pour être sortie en pleine nuit, je suis retournée à la maison et j'ai attendu sur les marches de l'escalier où j'ai fini par m'endormir. Le froid m'a réveillée ; alors, la mort dans l'âme, je suis remontée me coucher.

Le lendemain matin, j'ai entendu l'ambulance qui fait ce bruit si désagréable ; ensuite, ils l'ont emmenée à Paris. Nurse, qui était partie la veille, a fini par rentrer, mais mes questions sont restées sans réponse. A notre retour en ville, je suis allée à la clinique Piccini. Solange était calée sur ses oreillers, sa chambre pleine de fleurs, elle a paru contente de me voir, m'a posé des questions au sujet de mes études. Je lui ai promis de continuer à apprendre mon solfège et de bien travailler mon piano pour que nous puissions donner un concert à Noël. A la fin, elle m'a embrassée, m'a donné un anneau en saphirs. Les gardes-malades ont promis qu'elle serait de retour rapidement chez elle, ce qui m'a consolée de la voir dans cette chambre blanche, sinistre en dépit des fleurs innombrables.

Pourquoi va-t-elle si mal ? Nous étions tellement heureux ! A présent les tristesses s'accumulent : les garçons partis, la guerre bientôt peut-être, maman de plus en plus silencieuse et sombre – et Solange loin de nous. Papa lui-même n'a plus le cœur à fredonner les airs d'opérette que j'aime tant. J'ai tout raconté aux chevaux pendant le week-end, mais ils ne font que remuer les oreilles et cligner des yeux pour me faire plaisir. Les chiens eux aussi sont inquiets, ils boudent leur soupe. Sandy, le fox à poils durs de Patrick, n'a même plus envie de se battre ni de jouer, il cherche son maître partout. Je le brosse pour qu'il soit beau, mais il préférerait courir les bois avec les garçons comme autrefois. J'en ai parlé à papa, il a soupiré, mes frères lui manquent à lui aussi. Il s'est appuyé sur mon épaule et m'a dit : « Tu seras mon petit bâton de vieillesse. »

Quitter Argeville m'est toujours désagréable, même si je me console à la pensée de retrouver mes amies du cours Lamartine et Mlle Feuillet, mon institutrice. Je l'aime bien Mlle Feuillet, elle est un peu désordonnée, toujours vêtue de noir, ses cheveux gris retenus en chignon d'où s'échappent des mèches rebelles, et son éternel mouchoir fleurant la poussière avec lequel elle fait des moulinets quand je ne comprends pas les mathématiques. Cela me fait penser à un drapeau blanc annonçant une reddition devant mon incapacité à résoudre les problèmes. Chère Feuillet, par moments je crois qu'elle a envie de me tuer, elle se donne tellement de mal et se heurte pourtant à mon incompréhension. Nous travaillons dans la salle d'étude tout en haut de la maison ; par la fenêtre ouverte, j'entends le bruit des sabots des chevaux qui tournent dans le manège de l'autre côté de la rue, et cela me rappelle Argeville. Il ferait si bon d'aller les retrouver au lieu de perdre son temps à réfléchir à des trains qui se croisent et mettent des heures à parcourir des trajets alambiqués. Mademoiselle n'est pas rancunière : il lui arrive de me faire de petits cadeaux, des images d'animaux que je colle dans mon *scrap-book*. Elle m'a offert une jolie gravure de la Sainte Vierge où il est écrit « Sourire à tout ». On se demande pourquoi !

Je suis allée voir Solange dans son appartement de l'avenue Victor-Hugo. Ils ont fini par lui permettre de rentrer chez elle. Sa figure est toute marron, comme lorsqu'elle rentre d'Arcachon. Elle avait l'air si fatiguée, je l'ai embrassée et elle m'a fait son gentil sourire. Elle n'était pas seule, sa vieille gouvernante, Mlle Brannaire, les mains croisées sur les genoux, parlait beaucoup, alors je n'ai pas pu lui dire grand-chose. En attendant que le flot des paroles se soit tari, j'ai contemplé la pauvre petite figure reposant sur l'oreiller ; tout autour d'elle des fleurs en quantité, et j'ai pensé que leur parfum devait lui faire mal à la tête. A la garde-malade qui ne la quitte pas et qui m'a fait signe de ne pas la fatiguer, j'ai demandé pourquoi elle était toujours dans son lit. « Ma petite fille, il faut prier le bon Dieu de la guérir », m'a-t-elle répondu. Aussi je suis allée à Saint-Honoré-d'Eylau mettre un cierge en espérant que la Sainte Vierge intercède pour elle.

Mon cierge n'a pas été efficace : les nouvelles sont mauvaises et je vois maman s'habiller à la hâte pour se rendre au chevet de Solange. Elle est rentrée à trois heures, disant à papa : « La situation n'est pas brillante.

— Mamie, est-ce que je pourrai y retourner ce soir ?
— Non, Baby, elle est trop faible.
— Mais qu'est-ce qu'elle a ? »
Mamie m'a pris les deux mains et m'a attirée vers elle.
« Elle est bien malade, chérie.
— Mais tous ces médecins, que font-ils ? Il faut aller trouver mon cher docteur Martel.
— Lui non plus ne peut pas grand-chose pour elle. »
Voilà quinze jours écoulés depuis ma visite, je n'ai toujours pas le droit d'aller la voir, pourtant j'aurais tant de choses à lui raconter. Finalement, maman est rentrée en larmes. Papa s'est précipité vers elle. « Tout est fini.
— Mon Dieu ! »
Mon père l'a serrée dans ses bras. « Ah ! qu'il est cruel de voir mourir ses enfants. »
Soudain ils ont réalisé ma présence. « Il ne faut pas pleurer, Baby, elle ne souffre plus. »
Ainsi elle souffrait et je ne m'en étais pas aperçue. J'ai appelé Sandy et je suis partie très vite me réfugier dans ma chambre. C'est terrible cette boule qui monte et descend et contre laquelle il est impossible de lutter, il y aussi cette douleur quelque part, par là, devant, qui vous serre de plus en plus fort. Ainsi les grandes personnes ont été impuissantes, elles n'ont pas pu la protéger, l'empêcher de partir. Elle est morte, à quoi bon tous ces médecins et ces gardes-malades qui m'inspiraient tant de confiance. J'ai caché ma tête dans l'oreiller qu'elle m'avait donné et tout a éclaté : ces bruits bizarres, incontrôlables, cette souffrance qui étouffe. Quand les larmes se sont mises à couler, j'ai pu respirer un peu mieux.

Ce jour-là, tout a basculé : terminée la sécurité, finie la joie, j'étais devenue une grande. Pourquoi avoir pris Solange si gaie, si pleine de vie ? Nous ne chanterons plus nos airs d'opérette, adieu les leçons de piano et son rire que j'aimais tant. Sans m'en rendre compte, j'ai donné des coups de pied dans mon lit, j'ai dû l'abîmer, qu'importe. Les sanglots se sont mués en soupirs, l'épuisement m'a laissée anéantie. Enfin, après m'être lavé la figure, je suis redescendue pour demander à maman d'aller voir Solange une dernière fois. « Puisque tu veux lui dire au revoir, m'a-t-elle répondu, je te conduirai là-bas tout à l'heure. »

L'appartement de l'avenue Victor-Hugo était silencieux. Les salons, la salle à manger donnent sur une galerie où Amédée le maître d'hôtel nous attendait. Tout m'a paru sinistre. Brigitta, la femme de chambre espagnole, m'a embrassée sans parler ; elle avait le nez rouge et les yeux gonflés. Nous avons parcouru en silence le chemin qui mène aux chambres, nous sommes passées devant celle que la grande sœur destinait à son bébé ; j'avais rêvé d'y voir mon neveu dormant dans le berceau de cuivre qui fut le nôtre. Dans la pièce attenante, Solange dormait dans son lit, les mains jointes autour de son chapelet, pendant que dans le grand fauteuil mon frère Édouard la contemplait, en larmes et recroquevillé sur lui-même. Je restai pétrifié, jamais je ne l'avais vu pleurer. J'aurais voulu lui dire tant de choses, que je l'aimais, le comprenais, que je voulais partager avec lui cet affreux malheur, ce chagrin que moi aussi je ressentais, mais je n'ai pas pu trouver les mots, alors je me suis tue. Il m'a fait un signe de la main, où j'ai cru déceler toute la misère du monde, je l'ai embrassé, maman m'a emmenée.

En partant, j'ai croisé des amis ; tous avaient le même visage de souffrance, un regard qui ne voit pas. Les uns saluaient maman en lui chuchotant des phrases incompréhensibles, d'autres, en larmes, l'embrassaient. Ensuite, il y eut l'enterrement à Saint-Honoré-d'Eylau. Le cercueil était recouvert de roses, l'église entière en était décorée et le parfum qui s'en dégageait était trop fort. Devant ces gens en noir et cette musique poignante, je me suis sentie prête à pleurer, mais maman m'avait prévenue : « Si tu pleures, je te donne une gifle. » Elle a raison, si je commence je ne pourrai plus m'arrêter. Alors j'ai baissé la tête en essayant de penser à autre chose. Et puis une main a pris la mienne. Tante Aldée, une amie de maman, m'a fait asseoir dans le fond de l'église où j'ai pu pleurer dans son grand mouchoir sans attirer l'attention.

Après, on a emmené Solange dans un endroit horrible où se trouvaient d'autres cercueils. Plus tard, elle ira à Arcachon, dans ce petit cimetière ensoleillé, dans une maison au flanc de la dune ; les roses qu'elle aime tant grimperont autour d'elle et l'enivreront de leur parfum. Comme elle me manque déjà !

VI

Noël à Sandricourt

Noël, nous le fêtons en famille à Bordeaux ou à Sandricourt, dans l'Oise. Cette année, c'est Sandricourt qui l'a emporté, sans doute parce que mes parents souhaitaient être plus près des garçons, Patrick à Paris et Philippe à Pontoise. Sandricourt est la propriété de mes cousins Goëlet qui s'y installent lorsqu'ils viennent en France. Leur mère Anne-Marie, qu'on appelle tante Bibi, est la jeune sœur de maman ; leur père, oncle Bertie, est américain. Le reste de l'année, ils vivent à New York. Leurs parents sont toujours en voyage, aussi leur est-il arrivé de faire de longs séjours à Bordeaux quand ils étaient petits, chez notre grand-mère commune, ou à Paris dans leur maison de la rue de La Tour.

Sandricourt, que mon oncle a acheté au marquis de Beauvoir, est un château situé au milieu d'un parc clos de murs. Il y a un potager intéressant, mais le jardinier n'aime guère que l'on s'y promène, sans doute parce qu'il craint notre attirance trop vive pour les fraises et les artichauts. Les serres sont magnifiques, on y cultive des azalées et des cyclamens. L'un d'elles me plaît beaucoup, car de la vigne y pousse, et les grappes de raisin suspendues en hauteur me paraissent énormes. Habituée au vignoble bordelais, je trouve cela très curieux.

Quand nous sommes arrivés, il faisait déjà nuit. Émile, le chauffeur, a sorti les bagages pendant que nous gravissions les marches du perron. Dans le hall se tenaient comme à l'accoutumée les marins en livrée. C'est en partie pour cette raison que Sandricourt est aussi excitant; on se croirait à bord d'un navire. En effet, la grand-mère de mes cousins possédait un yacht dont mon oncle a fait don à l'école de marine américaine, tout en en conservant l'équipage. Aussi les marins, qui occupent le château et les dépendances, se sont-ils transformés en terriens. Comme ils sont tous anglais, ils enchantent nurse qui retouve avec plaisir leurs épouses dans la lingerie ou aux cuisines. Bien que l'on ne m'autorise pas à m'y rendre, j'ai eu l'occasion d'y jeter un coup d'œil : les cuivres sont rutilants, et la démarche des hommes qui évoluent autour des fourneaux est chaloupée. Du moins, c'est ce que disent mes frères...

Le capitaine habite les communs, plus jolis que le château lui-même. Sa maison, toute en longueur, perpendiculaire au château et recouverte de verdure, est une succession de petites pièces basses de plafond et dont les murs sont revêtus des boiseries du yacht. Dans ce décor qui a toujours été le sien, il ne se sent pas dépaysé et, le matin, il donne ses ordres à coups de sifflet à « l'équipage », ainsi qu'à Chippie le menuisier du bord.

A Sandricourt aussi, les adultes parlent politique. Mon oncle explique que les Américains espèrent que la guerre n'aura pas lieu tout en n'en étant pas convaincus. La population, qui se souvient des soldats tombés lors de la guerre de 1914, n'a aucune envie de sacrifier ses enfants à une cause à laquelle elle ne comprend rien et pense qu'un nouveau conflit en Europe ne la concerne pas. Malheureusement, elle concerne mes frères : Philippe fait partie de la classe 15, une classe dite creuse puisqu'il y eut moins de naissances pendant la guerre. A ce titre, ceux qui en relèvent sont soumis au régime des disponibles et convoqués à la moindre menace. Patrick, lui, continue son service militaire.

Quant à moi, j'oublie les événements pour m'amuser avec mes cousins. Béatrice est l'aînée ; Robert, que tout le monde surnomme Bobby, le deuxième ; Franck le troisième. C'est mon préféré, il a environ le même âge que moi, aussi jouons-nous toujours ensemble. Il a des idées originales sur tout, éprouve un vif intérêt pour la famille royale de Belgique et me fait des cours interminables sur le Roi-Chevalier. C'est sans doute le côté équestre qui lui plaît, car il me décrit avec enthousiasme son entrée à cheval dans Bruxelles après la victoire de 1918. Franck aime les îles perdues au milieu des flots, appuie sa démonstration de dessins qu'il colorie en rouge, vert et bleu, est intarissable sur le Congo belge ; ses œuvres deviennent des mines d'or, de diamants et d'émeraudes toujours bariolées.

Le marquis d'Imécourt, que la famille appelle Johnny, fait partie du paysage. Il est roux, parle d'une voix éraillée et nous rapporte des kilts et des écharpes d'Écosse. Lui aussi est inquiet des événements. Il possède un château en Lorraine, Loupy, qui a déjà été pillé pendant la Grande Guerre. Lors de l'invasion, il a dû quitter son château avec ses gens, poussant devant eux les animaux, ce dont il garde un mauvais souvenir. Ma tante invite des petits amis du voisinage à jouer avec les cousins : il y a les fameuses courses au trésor où certains trichent, les promenades dans la forêt au retour desquelles nous attend un grand goûter organisé chez le capitaine. Là je retrouve l'ours empaillé rapporté de Russie par le directeur des chasses de mon oncle, le général Nieroth, et un sapin garni de guirlandes et de boules de couleur. Les enfants du village se joignent à nous et reçoivent des cadeaux.

La veille de Noël, je dépose ma pantoufle au pied de la cheminée et pousse des cris émerveillés le lendemain en découvrant ce que mes parents y ont déposé. Bien sûr, je sais depuis longtemps que le père Noël n'existe pas, mais il est exquis de faire semblant d'y croire encore. Cette année, et pour la dernière fois car je suis trop grande, j'ai reçu une poupée. Naturellement, les frères désapprouvent ce cadeau. L'an dernier déjà, ils me trouvaient stupide de m'amuser avec ma maison, réplique en miniature de celle des princesses d'Angleterre, Elizabeth et Margaret Rose.

Il y a quelques années, le roi d'Espagne Alphonse XIII venait régulièrement chasser à Sandricourt et, pour nous faire rire, il faisait des farces aux grandes personnes, lesquelles arrivaient respectueuses et guindées, plongeaient dans de profondes révérences puis, répondant à l'invitation de Sa Majesté, s'asseyaient dans une bergère prévue pour la conversation. C'est alors que dans l'auguste silence qui règne autour des têtes couronnées éclatait un bruit discret, mais sans équivoque possible. Nous, les monstres d'enfants mis dans le secret royal, échangions un coup d'œil complice tout en conservant des visages sévères. C'était cruel mais bien amusant d'avoir glissé sur le siège en question le coussin pétomane que le roi nous avait offert.

Après les fêtes, nous sommes rentrés à Paris. J'ai l'air d'un corbeau dans mon affreuse robe noire, maman en revanche est bien jolie avec son voile de crêpe et son bonnet. La modiste lui a dit que le bord blanc était réservé aux veuves mais, même sans cela, cette coiffure lui va bien. Du reste, elle est toujours habillée en noir l'hiver et en blanc l'été. Jeudi, je suis allée goûter chez François Proper. Maman aime beaucoup sa mère et s'inquiète à son sujet car elle est israélite et on prétend que le fameux Hitler les persécute. « Pourvu qu'il n'arrive rien à ma chère Élisabeth ! » soupire-t-elle. Maman a tort de se faire tant de soucis, jamais les Allemands n'entreront dans Paris.

VII

L'année la plus triste de ma vie

Le deuxième trimestre de l'année 1939 a passé comme le vent. J'ai beaucoup travaillé, la seconde est une classe difficile, d'autant que mon institutrice a trouvé bon de me faire changer d'école. Ainsi ai-je quitté mon cher Lamartine pour le cours Dieterlin où l'on dit que les études sont meilleures. C'est sans doute vrai si j'en crois la somme de travail que j'ai dû fournir pour me maintenir à un rang convenable. Peut-être est-ce pour cela que je suis si fatiguée. Il paraît aussi que c'est parce que je grandis beaucoup et, pour surmonter ma crise de croissance, maman me bourre de vitamines.

Juillet survient, et ma chère grand-mère maternelle est là, venue de Bordeaux pour passer plusieurs jours à la maison. Grand-ma est la grâce même, ses pieds sont minuscules, ses mains aux ongles roses ont l'air de plier quand elle porte une bague tant elles sont menues, ses yeux noirs reflètent toute la tendresse du monde lorsqu'elle nous regarde, ses cheveux, gris à présent, ajoutent à la douceur de son visage. Elle me raconte souvent comment autrefois ils descendaient plus bas que la taille et le soin que la femme de chambre de sa grand-mère, une vieille Indienne, apportait à les soigner. Elle surgissait portant un panier contenant des onguents mystérieux et, d'un ongle pointu, traçait des lignes dans sa chevelure en modulant une incantation, le tout pour l'épaissir et l'embellir. Personne n'a jamais su le secret de cette pommade, et grand-ma en riant affirmait que l'invocation aux dieux jouait un rôle au moins aussi important, sinon plus, que le produit contenu dans le pot vert.

Aujourd'hui grand-ma est là et j'aime le parfum léger qui flotte autour d'elle. Elle seule sait combien j'ai de peine du départ de Solange, mais la consigne est stricte, il ne faut pas en parler, alors nous ne prononçons pas son nom. De toute manière, avec elle, c'est inutile, elle comprend tout, elle devine tout. Je m'assois à ses pieds sans rien dire et je laisse sa main me caresser le front. C'est en silence que je lui raconte ce que je ne pourrais pas lui expliquer en paroles.

Plus jeune, grand-ma était très belle. Des photographies prises par Nadar nous la montrent jeune fille lors d'un bal costumé à Dulamon, propriété de ses parents. Elle est vêtue en ondine, ses cheveux parés de nénuphars et de lianes tombant jusqu'aux pieds. C'est ce jour-là, je crois, que mon grand-père Daniel Guestier décida de l'épouser. Un spectacle avait eu lieu à Dulamon, dans l'étonnante grotte qui existe encore au bord de l'étang. Un feu d'artifice avait mis le point final à une féerie éclairant un décor de rêve. Les dames avaient rivalisé d'élégance, mais Ondine fut certainement la reine de la fête. Mon grand-père était beaucoup plus âgée qu'elle ; sans être d'une beauté classique, il avait un visage intéressant, éclairé par des yeux gris-vert, et son intelligence en avait fait l'un des partis les plus séduisants et importants de Bordeaux. En vain les jeunes filles de la ville et des environs avaient-elles rêvé d'épouser ce veuf qui refusait d'envisager un second mariage, car il avait perdu sa femme dans des circonstances tragiques.

A la mort de ses parents, mon grand-père avait assisté à la vente de Beychevelle et s'était installé à Bel Sito, une grande villa palladienne des environs de Floirac que mon aïeul Pierre François affectionnait. Il y avait constitué une bibliothèque de plus de trois mille volumes, et c'est là que lui et sa jeune femme, Mary Johnston, établirent leurs quartiers d'été après leur mariage en 1874. Mon grand-père avait épousé cette cousine protestante alors qu'il atteignait ses vingt-trois ans. Leur bonheur était complet car la venue d'un enfant s'annonçait.

Un certain soir, se sentant lasse, Mary se retira dans ses appartements. Assise devant sa coiffeuse, elle ôta les épingles qui retenaient son chignon et se mit en devoir de brosser sa chevelure. Ma tante Sophie me raconta l'horreur éprouvée par tous ceux qui étaient assis dans le salon en voyant une torche traverser la pièce; mon grand-père se précipita pour éteindre ce brasier en voulant envelopper sa femme dans un plaid mais, dans son affolement, elle lui échappa et courut au vent pour aller se jeter dans l'étang. Quand son mari la rejoignit, il était trop tard, et elle mit plus de huit jours à mourir dans d'horribles souffrances.

On comprit plus tard que le feu avait pris dans ses cheveux alors qu'elle les brossait devant sa coiffeuse éclairée par des bougies. La matinée en linon s'enflamma à son tour; terrifiée par le spectacle autant que par la chaleur, elle se jeta dehors, la brise activant le foyer alimenté par les mousselines vaporeuses. Mon grand-père demeura seul pendant quinze ans, mais ma grand-mère étant irrésistible, il décida de mettre fin à son veuvage en 1889.

Grand-ma a obtenu de papa et maman de me laisser partir avec elle pour Arcachon, pensant que le climat de là-bas me fera le plus grand bien. C'est la première fois que je ferai un aussi long voyage sans eux. Le matin du départ, grand-ma et moi sommes allées dans le couloir du train faire nos derniers adieux à mes parents restés sur le quai. Le train s'est ébranlé tout doucement, maman souriait, puis le train a accéléré, nous roulions de plus en plus vite, leurs silhouettes se sont estompées pour finalement disparaître derrière un nuage noir. Je ne veux pas être triste puisqu'ils vont venir nous retrouver dans quelques jours à Arcachon.

Lorsque le train est entré en gare, il faisait un temps splendide. Albert nous attendait avec la voiture traînée par la jument Judy, et nous avons traversé la ville au son de ses sabots qui claquaient sur le macadam. Albert est très gentil : quand, chaque matin, il conduit la cuisinière au marché pour l'aider à faire ses courses, il me rapporte un éventail en papier ou bien *La Semaine de Suzette*. Les écuries se trouvent de l'autre côté du boulevard de l'Océan. Judy les partage avec la vache que grand-ma a fait venir de la campagne car elle préfère son lait, plus sain paraît-il pour ses petits-enfants, que celui d'une vache inconnue.

Tout au bout du boulevard de l'Océan, la route s'arrête devant une immense grille blanche, celle du parc Péreire. Les villas qui longent le bord de mer semblent lui former une haie d'honneur. Dans la première, « Hyowava », vit tante Aldée, la meilleure amie de maman, celle qui m'a consolée lors de l'enterrement de Solange. Née Sainte-Aldegonde, elle est mariée à Stanislas Poniatowski que nous appelons tous le roi de Pologne ; c'est amusant de l'imaginer une couronne sur la tête, alors qu'il est le plus souvent en short ou en pantalon rouge de marin arcachonnais. Vient ensuite la villa « Pernette », celle de ma tante Valentine, la sœur aînée de ma mère, enfin celle des « Pins », qui appartient à ma grand-mère – ma préférée bien entendu.

Cette maison, mon grand-père l'a achetée au duc Decazes quand celui-ci se fit construire une villa au Pyla. Elle est toute blanche avec un balcon qui en fait le tour et sur lequel donnent des portes-fenêtres, celles de nos chambres. Sur le toit se trouvent deux Landais en bois sculpté qui se tournent le dos ; quand nous rentrons en bateau, ils ont l'air de nous souhaiter la bienvenue.

Au rez-de-chaussée, une suite de salons. Je redoute d'ouvrir la porte du premier car le vent, quand il souffle de la mer, la pousse avec tellement de force que je crains de me pincer les doigts. Dans ce vestibule donnant sur le salon trône le piano, perpétuellement désaccordé à cause de l'air marin, à côté duquel s'étale un énorme canapé en velours avec boutons et franges ; peu de gens aiment à s'y tenir bien qu'il soit confortable parce que cette pièce est sombre. L'appartement de mes parents, lui aussi au rez-de-chaussée, donne sur la mer. Dans le grand salon, plus gai, ma grand-mère a rassemblé des meubles Louis-Philippe en acajou, les murs sont recouverts de portraits de la famile royale : le duc d'Orléans, la duchesse tenant un bébé entre ses bras, le duc d'Aumale, le duc de Nemours, le prince de Joinville, enfin, un portrait de Louis-Philippe. Celui-là est troué, je ne sais pas depuis quand, mais les garçons bouchent le trou avec une fleur fraîche, et c'est plus joli ainsi.

La salle à manger est une vaste pièce entourée de vérandas. L'une d'elles nous est réservée, dans la seconde se trouve le réfrigérateur très bruyant que nous a offert mon oncle Bertie l'Américain. C'est là que Raymond le maître d'hôtel place les carafes de vin blanc et les fruits. L'escalier qui conduit au premier étage aboutit à un palier qui a ma préférence. Une fontaine y déverse de l'eau dans une vasque en zinc. Au mur est accroché un tableau représentant la bataille d'Austerlitz, on y voit une église et l'inévitable soleil que Napoléon contemple en attendant, je le suppose, l'arrivée de ses soldats victorieux.

C'est avec joie que j'ai retrouvé tous ces amis, salué Napoléon, embrassé Yvonne, caressé Tedy, le bull de Boston noir et blanc aux oreilles pointues, avant de me rendre dans ma chambre par le balcon ensoleillé. Elle donne sur le jardin, celle de mes frères lui fait face avec vue sur la mer. Le soir, les vagues viennent se briser sur les perrés recouverts de varech produisant une musique soporifique. Grand-ma me racontait que, lorsqu'elle était enfant, la plage s'étendait jusqu'à l'Océan, si bien qu'on pouvait suivre la mer à cheval, et c'est en partie pour cela que l'impératrice Eugénie aimait Arcachon presque autant que Biarritz. A présent, les rochers ont remplacé le sable; devant chaque villa s'étend un ponton qui permet d'embarquer à bord de pinasses sans se blesser, car c'est là que les crabes viennent se réfugier. J'y vais à marée basse avec mon filet à crevettes afin d'en ramasser pour le déjeuner.

La mer, c'est la porte ouverte aux rêves les plus fous. Tous les marins, conquistadors, vénitiens, portugais, partirent à bord d'esquifs sur cette immensité vers des rivages lointains où les attendaient épices, parfums et pierres précieuses. Beaucoup parmi eux payèrent ces aventures de leur vie, mais ils vécurent pleinement, se grisant de la fragilité de leurs barques sur l'Océan démonté ou bien rêvant au vent arrière à la douceur des paysages entrevus, à la beauté des indigènes, avant de sombrer dans une eau verte habitée par une population de coraux, d'algues et de poissons multicolores. Dans la brise du soir flottent leurs pavillons, pendant que la lune ronde et sotte comme un cachet d'aspirine les regarde en ricanant.

Il ferait bon vivre dans ce pays en compagnie des marins. Dès l'aube, ils partent à bord de leurs pinasses, ces longs bateaux qui ressemblent aux embarcations phéniciennes. A mon réveil, j'entends le bruit des moteurs qui les propulsent jusqu'aux parcs à huîtres. Puis c'est grand-ma apportant la boîte en fer carrée pleine de biscuits – rite auquel nous tenons : elle fera le tour des chambres qui donnent sur le balcon, distribuant à chacun la manne providentielle. Cette année, la distribution sera rapide puisque tout le monde est sous les drapeaux ; seuls Teddy et moi en seront les bénéficiaires.

Parfois, les jours de marée basse, un marin, Camillous, nous conduit ma cousine Adélaïde et moi sur l'île aux Oiseaux. Là, en se retirant, la mer abandonne des flaques d'eau salée où crevettes et crabes circulent en paix, gorgés de soleil et d'eau chaude. Grâce à nos filets poussés avec ardeur, nous récoltons quantité de crevettes grises que nous plaçons dans des paniers en vannerie portés en bandoulière. Notre pêche est souvent fructueuse. Quand une étoile de mer rose se glisse dans notre filet, nous la remettons en liberté, mais conservons les crabes au ventre rouge qui nous foudroient de leurs yeux ronds en crachant. Quand il fait beau, c'est en monotypes que nous nous rendons sur l'île aux Oiseaux. Ce sont des voiliers rapides et sûrs avec leur grand mât et leur voile rectangulaire. Grâce à eux, nous avons appris à naviguer, et si par malheur ils chavirent nous nous asseyons sur la coque car ils ne coulent pas. Adélaïde a deux ans de plus que moi, c'est un excellent marin. Lorsque notre pêche est terminée, elle fait cuire les crevettes dans l'eau salée, le meilleur des repas. Le soir nous en rapportons à la villa.

A grand-ma, l'âme de la maison, chacun vient rendre compte des événements du jour. Assise sous la véranda, elle suit les régates avec son face-à-main et, le soir, commente avec mes cousins les manœuvres de la journée.

Elle adore leurs confidences, tout en s'inquiétant parfois de leur indépendance ; quand l'un d'entre eux rentre tard le soir, il lui arrive de s'installer dans un rocking-chair et de n'aller se coucher que lorsque tout le monde a regagné le bercail.

Ce soir, mes parents arrivent et je ne tiens plus d'impatience. Nurse a écourté la promenade en mer et m'a fait mettre ma robe en broderie anglaise ainsi que les souliers vernis de rigueur pour dîner à la grande table. Il fait beau et chaud, je me balance sur le portail blanc afin d'être la première à les accueillir. La villa est pleine de monde : la sœur de maman, ma marraine Jacqueline qui a épousé un Chauvot, très vieille famille bordelaise, ma tante américaine, tante Bibi, et aussi ma chère tante Cri sont là. Mes amis passent et repassent sur le boulevard. Ils connaissent la raison de mon attente et se réjouissent avec moi. Chose étrange, il y a un grand retard dans l'horaire prévu : sept heures, sept heures et demie ont sonné. A huit heures, nurse vient me prévenir qu'il est temps de passer à table. La famille est déjà dans la salle à manger lorsque je rentre du jardin. Autour de la grande table ovale en acajou, règne une atmosphère pesante.

Alors que je vais m'excuser auprès de ma grand-mère pour mon retard, celle-ci me regarde avec une expression que je ne lui connais pas. Elle n'a pas l'air fâchée, bien au contraire, mais il y a autre chose dans ses yeux que je ne comprends pas, de l'angoisse, du chagrin, de la pitié peut-être. Je gagne ma place en silence. La flamme des bougies danse au-dessus des candélabres d'argent, se reflète dans la glace du surtout, au centre duquel trônent la soupière et les légumiers du général de Galz de Malvirade ; je les regarde machinalement, ils évoquent pour moi un aïeul dont l'une des sœurs de Napoléon et la duchesse d'Abrantès disaient qu'il était le plus séduisant officier des fêtes impériales.

Tout se déroule comme à l'habitude : sur la desserte, les magnums de cristal et les vins prestigieux. Les assiettes à dessert de la Compagnie des Indes sont prêtes à remplacer leurs sœurs destinées au poisson, à la volaille, tandis que le rince-doigts bleu de Sèvres repose en leur centre sur un napperon brodé accompagné des couverts en vermeil. Les hommes passent les mets en un ballet répété depuis des temps reculés, présentant aux convives les plats d'argent sur des mains gantées de blanc. Mais ce soir, il semble que personne n'ait faim. La conversation, d'ordinaire animée, est languissante, à tel point que l'on entend le bruit des vagues recouvrant les perrés, le craquement du parquet sous les chaussures de Raymond le maître d'hôtel, sans oublier le va-et-vient du balancier de l'horloge qui me semble plus bruyant que d'habitude, dominé par instants par le ronflement du réfrigérateur.

Je regarde autour de moi. Grand-ma a refusé tous les plats, ce qui ne lui ressemble guère. Tante Cri émiette son pain, l'œil fixe. Tante Bibi jette des regards inquiets sur ma grand-mère ; les cousins, que personne n'écoute, se forcent à parler de choses sans intérêt. Et les parents qui n'arrivent pas. Soudain, j'ai peur. Que savent-ils tous que l'on ne me dit pas ? Tout à l'heure, il m'a semblé entendre la sonnerie du téléphone. Étaient-ce des nouvelles ? Je voudrais bien savoir ce qu'ils me cachent, pourtant je me tais et, brusquement, je me mets à pleurer. Après le dîner, tante Jacqueline, sentant mon désarroi, m'accompagne jusqu'à la chambre où nurse m'attend. Pourquoi est-elle venue avec moi ce soir ? En général, on me taquine au sujet de mon imagination : « Tu peux très bien aller te coucher toute seule. Les fantômes ne te mangeront pas ! » Ce soir-là, je reste éveillée, guettant le moindre bruit de moteur sur le boulevard.

La nuit m'a semblé interminable, j'ai fini par m'endormir, et Teddy m'a réveillée en aboyant. Près de la fenêtre, nurse, tout habillée, pleure. C'est donc si grave ! Elle veut me faire avaler une tasse de lait, mais je n'ai pas faim. Je cours chez grand-ma, sa chambre est vide, le lit n'est pas défait, où est-elle ? Mes tantes non plus ne sont pas là. Dans la villa, le silence règne. C'est à croire que tout le monde m'évite. Pour finir, je descends dans le jardin. Le portail grince, enfin je vais savoir quelque chose, tout vaut mieux que cette incertitude. C'est tante Aldée. Elle n'a pas sa figure habituelle. Je me précipite vers elle. Elle pousse un drôle de cri en me voyant, je mets mes bras autour de son cou, elle me serre très fort, ses joues sont brûlantes, ses larmes coulent sur ma figure. « Ils n'ont pas souffert, mon petit amour », me dit-elle. La même phrase que j'ai entendue lors de la mort de Solange. « Tante Aldée, vous ne voulez pas dire... » Elle ne peut pas me répondre tellement elle pleure. « Vous ne voulez pas me dire qu'ils sont morts tous les deux ? »

Je vais m'asseoir sur la balancelle rayée vert et blanc et j'attends en regardant mes jambes aller d'arrière en avant sans même pouvoir pleurer. J'attends quoi ? Peut-être que quelqu'un, grand-ma ou tante Cri, vienne me dire que c'est une erreur, qu'ils sont bien vivants. Ou que ce cauchemar s'achève et que je me réveille dans ma chambre rose d'Argeville au son des râteaux. Il fait un temps superbe, les bateaux rentrent au port, j'entends le bruit des conversations des marins porté par la mer. Pas de vent, pas de vagues, autour de moi tout est calme, mais à l'intérieur c'est la tempête. Sur le balcon, je devine la présence de nurse, elle me connaît si bien, elle sait ce qui se passe dans mon esprit, mais elle ne veut pas se manifester, n'ignorant pas que je dois rester seule quand je suis malheureuse.

Teddy, surpris de ne pas me voir dans la villa, a fini par me retrouver assise sur la balancelle. Tout heureux, il est accouru en remuant la queue sans que je l'appelle. Son instinct lui a fait réaliser que quelque chose d'inhabituel s'était produit, son tendre cœur de chien en éveil, il est venu s'asseoir à mes côtés, a posé sa tête sur mes genoux. Sortant de ma torpeur, je l'ai caressé, je lui ai tout raconté comme je n'aurais jamais pu le faire avec une grande personne, elles ne comprennent pas, vous interrompent sans arrêt ou vous câlinent, ce qui enlève tout courage. J'ai appuyé ma joue contre la sienne, il a senti ma misère, alors enfin j'ai pu pleurer. Non je ne pleurerai plus. Maman m'avait prévenue : « Si tu pleures, je te donne une gifle. » Comme elle avait raison, on console les enfants, moi je suis une grande, et pour les grands la solution c'est « sourire à tout ».

Ils sont tous rentrés le soir. A présent, il n'y a plus de mystère, seulement l'affreuse vérité qu'il leur a bien fallu m'avouer. La direction de la Hotchkiss a cassé, l'auto s'est écrasée contre un arbre, le choc a été si violent que mes parents ont été tués sur le coup. Grand-ma est partie pour Châtellerault où leurs corps reposent l'un à côté de l'autre. J'aurais tant aimé les revoir, mais mon oncle ne l'a pas voulu. Pourtant, je n'ai plus peur des morts depuis que j'ai vu la grande sœur.

Les frères sont venus à l'enterrement. J'étais assise sur le balcon de la villa avec Teddy. Quand Édouard en civil est apparu, j'ai couru vers lui. Il m'a serrée très fort en m'embrassant : « C'est moi désormais qui vais m'occuper de toi, mon Baby, nous ne nous quitterons plus, je te le promets. » Au cimetière, il tenait ma main quand on a placé les deux cercueils à côté de celui de Solange. Elle n'est plus seule à présent. Du reste, je monte là-haut le soir en rentrant de bateau et j'imagine qu'ils m'entendent leur raconter ma journée.

Pour le moment, on me laisse chez grand-ma, mais quand les garçons seront libérés je rentrerai avec eux à Paris, rue Leroux, accompagnée de ma chère nurse qui heureusement est toujours là, et la vie reprendra. On a retrouvé le pauvre Sandy qui avait survécu à l'accident. Il venait rôder autour de la voiture ; une dame, le voyant errer, lui apportait de la nourriture qu'elle déposait car il ne se laissait pas approcher. Elle a fini par obtenir qu'il la suive. Ainsi Patrick a pu le récupérer, mais il est devenu complètement fou. C'est nous qui en avons la garde.

Le mois d'août s'est étiré triste et morne. J'ai été malade : mes cheveux se sont brusquement mis à tomber. Le médecin prétend que c'est le choc. Je me trouve de plus en plus laide et je n'ai plus envie de rire ni de chanter comme avant. Mes amies Tita et Marie-Hélène viennent me tenir compagnie jusqu'au jour où, la jeunesse reprenant le dessus, j'ai le droit de circuler à nouveau.

Alentour, l'horizon est sombre. Hitler vient d'envahir la Pologne, et la France, fidèle à ses engagements mais sans y être préparée, lui a déclaré aussitôt la guerre. Tout chavire à nouveau. Ma grand-mère voit partir ses deux fils, ses gendres, ses six petits-fils. Nous tricotons des chaussettes de laine pour les soldats et faisons des colis pour la Croix-Rouge. Tout le monde serine que nous gagnerons la guerre, que rien n'est à craindre, puisque la ligne Maginot est là pour nous protéger. Dans mes livres préférés, les armées dirigées par des officiers enthousiastes partent à la conquête du monde, mais ce qui se passe en ce moment ne ressemble guère à cela. Maurice Chevalier donne des concerts au front pour distraire les soldats, les Anglais chantent des chansons où il est question de pendre son linge sur la ligne Siegfried. De bataille point, de victoire encore moins. Une sorte d'attente paisible...

VIII

Une guerre pas si drôle que cela

En ce mois de septembre 1939, nous avons quitté Arcachon pour Bordeaux. Cet hiver, j'irai au cours Ruello avec mes cousines, en attendant la fin de la guerre, car seulement à ce moment-là je pourrai rentrer à la maison vivre avec mes frères. Comme je l'ai déjà dit, le 41, pavé des Chartrons — aujourd'hui cours Xavier-Arnozan — est la demeure familiale où je suis née. Ce que l'on appelle à Bordeaux les Chartrons constitue, à la fin du XVIe siècle, un faubourg plutôt miséreux, au nord du château Trompette, composé de plus de chais que de maisons, étagés le long de la Garonne. C'est un port où Anglais et Allemands viennent acheter du vin. A la fin du siècle suivant, une nouvelle population, composée d'immigrants et de Bordelais chassés des alentours du château Trompette, s'installent dans ce faubourg dont les quelques rues en damier abritent de plus en plus de chais, d'entrepôts et de boutiques s'étalant jusqu'au fleuve. En 1752, le Jardin royal, planté en allées par l'intendant Tourny, permet de mieux relier les Chartrons à la ville. Enfin, dans les années 1780, le quartier connaît une intense spéculation et devient de plus en plus luxueux. A côté des chais apparaissent des maisons (vingt-huit sont construites dans la seule année

1785, une quarantaine en 1786[1]) et des boutiques de luxe. C'est alors qu'est tracé le pavé des Chartrons, axe résidentiel traversant le faubourg, où de riches négociants font construire leurs hôtels particuliers au goût du jour. Le 41 se trouve au milieu du pavé.

Pour en revenir à la demeure où je suis née, elle comprend deux hôtels XVIIIe siècle, le 39 et le 41, réunis en un seul par mon grand-père. L'ensemble est un véritable labyrinthe dont nous connaissons tous les secrets. Le hall est en pierre de taille, il y règne un parfum reconnaissable entre tous, un mélange de cire d'abeille et de buis auquel s'ajoute l'odeur du cuir. Un salon appelé la chambre des pages précède la loge de Madeleineet Émile, les concierges. Au pied de l'escalier flanqué de sa rampe en fer forgé, la chaise à porteurs, témoin de parties de cache-cache mémorables, semble indiquer le vestiaire où sont rangés les chapeaux hauts de forme de mon grand-père Guestier, mort deux ans après ma naissance mais toujours omniprésent. Au mur, une série de tableaux représentent les chevaux de course de mon grand-père montés par leurs jockeys en casaque blanche à pois bleus, aujourd'hui la plus ancienne casaque de France sur les champs de course.

A l'étage, les salons se succèdent, le hall de pierre est le premier, soutenu par des colonnes, orné des portraits de mes oncles par Quinsac, des pastels de maman et de tante Valentine par Wauters. Une série de grands fauteuils Louis XIV, une table couverte de bronzes de Barye incitent le passant à faire halte. Cependant, nous ne faisons que le traverser pour nous rendre dans la salle à manger qui donne sur une cour intérieure, alors que les deux grands salons ont vue sur le pavé des Chartrons. Ils sont desservis par la galerie qui les sépare

---

1. Paul Butel, *Vivre à Bordeaux sous l'Ancien Régime*, Perrin, 1999, p. 189.

du hall de pierre et du salon de musique. Le préféré de ma grand-mère est le salon bleu, appelé salon de famille. Le second, recouvert de boiseries dorées, est plus solennel, moins chaleureux. Dans le salon de famille, ma grand-mère fait des patiences sur une table ovale recouverte d'un tissu de damas, éclairée par deux lampes de Chine bleues. Au-dessus de sa tête, le duc d'Orléans, portrait offert par le roi à mon arrière-grand-père ; à droite, surplombant le canapé, le cartel de Versailles que j'aime tant ; de l'autre côté de la porte à deux battants, la bibliothèque en marqueterie ; enfin, faisant face à grand-ma, la cheminée en marbre gris où crépite un feu joyeux. A quoi pense-t-elle ma grand-mère pendant qu'elle dispose ses cartes pour réussir la patience de Mme de Flahaut ? A son mari peut-être, parti depuis longtemps pour un monde meilleur.

Celui-ci fut, nous dit Paul Butel dans son ouvrage sur les dynasties bordelaises [1], le plus populaire des chartrons et de l'aristocratie du Bouchon. J'ai eu l'occasion d'admirer son buste dans la salle des séances de la chambre de commerce dont il fut président, mais ce n'est pas pour cette raison que tout le monde l'aimait. « Moussu Daniel » avait conquis le cœur des vignerons, des gens du terroir. Tous ceux de Saint-Julien-de-Beychevelle où il naquit se plaisent à évoquer celui qui fit tellement pour le commerce des vins, et les viticulteurs, certains vieux jockeys survivants de l'heureuse époque, hochent la tête à son souvenir : « Oui, mademoiselle Élisabé, moussu Daniel c'était quelqu'un. » Un article de *La Vie bordelaise* le décrit ainsi : « Une des figures bordelaises les plus en vue et les plus sympathiques. Belle taille, bien pris, carré d'épaules, comme d'allure, assouplies par un aimable abandon, l'œil bleu,

---

1. Paul Butel, *Les Dynasties bordelaises*, Perrin, 1991.

plein de finesse et de bonté sous l'arcade très accentuée. Fleurs préférées : le muguet et l'œillet, blanc toujours. »

J'ai couru interroger Pétronille, la vieille cuisinière célèbre dans tout Bordeaux pour ses menus réalisés sous sa férule par un bataillon de filles de cuisine.

« Pétronille, c'est vrai cette histoire d'œillet blanc ?

– Bien sûr, ma minette. Quand j'allais au " marché des grands hommes ", ma venue était saluée par les fleuristes qui occupent le centre de l'édifice. " Té voilà Pétronille ", me disaient-ils. " Je viens chercher un œillet pour mon maître, le plus beau. " »

Est-ce à l'œillet qu'elle faisait allusion ou bien à grand-pa ? Je l'ignore, mais dans le fond ce qui m'intéresse ce sont les histoires dont grand-ma me fait le récit. Assise sagement, j'attends qu'elle ait terminé sa patience, mais le cartel a sonné dix coups, il faudra bientôt quitter le salon de famille, et il est trop tard pour l'écouter évoquer les Noirs de Saint-Domingue, les farces de mes oncles encore enfants ; il ne sera pas question de la petite Geneviève, sœur de maman, morte du miserere à l'âge de six ans et dont grand-ma a conservé les reliques dans le placard de son alcôve. Elle ne me parlera pas non plus de Marie, ma mère, qui l'a quittée trop tôt, lui laissant le soin d'aimer et de consoler la presque jeune fille que je suis. Levant la tête, ma grand-mère me regarde et me sourit, les fantômes du passé nous quittent un instant, nous échangeons un coup d'œil où se lisent autant de compréhension que de tendresse.

Je quitte à regret ce havre de paix. De chaque côté de la cheminée grand-pa et son père peints par Bonnat me disent bonsoir et, en traversant la galerie, je salue mon tableau préféré, une dame à cheval déposant une lettre au creux d'un arbre. C'est une amazone peinte par

Dedreux; gracieuse et discrète dans la pénombre, elle ressemble à l'une de mes tantes. Je dépasse le salon doré où je vais travailler mon piano; grand-ma y est représentée par Cabanel. Laissant derrière moi le petit salon de musique où trône le clavecin, je tourne le dos à la salle à manger des enfants et à la salle de billard.

Nous vivons toutes les deux dans cette immensité en compagnie du personnel. Le soir, je dois emprunter l'escalier du 41 pour atteindre l'étage où se trouvent les chambres et la salle d'étude, celui du 39 étant réservé aux bagages et à l'ascenseur. Chaque fois, j'éprouve la même angoisse lorsque je monte me coucher. Il me faut escalader deux étages à la lueur tremblotante du gaz; à chaque palier, une torchère, allumée par Madeleine à l'aide d'une queue de rat, diffuse une lumière bleue qui dessine sur les murs des ombres terrifiantes. Vêtue de mon éternelle robe noire, je chantonne pour me donner du courage, mais ma voix chevrote et résonne de telle sorte que j'ai de plus en plus peur. Deux cents marches plus haut, j'arrive à bout de souffle pour les avoir gravies en courant, je traverse en trombe la salle d'étude, puis le corridor, pour enfin m'abattre sur mon lit de cuivre aux rideaux blancs.

Avant-hier, je dormais encore lorsque la porte de ma chambre s'est ouverte pour livrer passage à Édouard, venu en permission. Quel bonheur, j'ai tant de choses à lui raconter! Nous ne l'attendions pas, aussi la surprise a doublé la joie de nous retrouver. Installée sur ses genoux, je me suis fait raconter ce qui se passe à l'armée; il m'a longuement parlé des chevaux, il a pu garder pour lui Hadès, la jument de papa. Il paraît qu'elle ne manque de rien, qu'elle est très bien soignée par son ordonnance. Ensuite, nous sommes descendus chez grand-ma et j'ai couru prévenir tante Cri. Ce matin-là, je n'ai pas beaucoup travaillé au cours.

L'après-midi nous sommes allés en voiture à Saint-Médard-en-Jalle où tante Cri me permet de conduire. Édouard m'a félicitée pour mes talents de conductrice mais a conclu qu'il allait m'acheter une bicyclette !

Les frères m'ont demandé de leur écrire tous les jours pour leur raconter ce que je fais, mais j'ai objecté que recommencer trois fois le même récit serait fastidieux. Aussi avons-nous convenu que j'allais tenir un journal qu'ils liraient lors de leurs permissions. J'ai ainsi rédigé la préface : « Mes chers grands frères, c'est à votre intention que j'écris sur ce cahier les événements qui marqueront le plus ma vie entre le mois de novembre 1939 et le mois d'août 1940. Bien entendu tout sera terminé à cette date. Je veux en effet que vous connaissiez, en dépit de la distance qui nous sépare, comment se sont écoulées les journées passées loin de vous, afin que vous sachiez ce qui a pu me frapper, m'intéresser depuis votre départ. Veuillez m'excuser si mon style n'est pas toujours correct, mais j'aimerais que vous compreniez que j'ai toujours beaucoup pensé à vous et combien votre présence me manque. Votre petite sœur Élisabeth. »

Au début, je n'ai pas eu grand-chose d'important à consigner dans ce cahier, plus lorsque les événements se sont accélérés. En mai 1940, avec l'effondrement de l'armée française, les premiers réfugiés sont arrivés à Bordeaux. Chaque jour, leur nombre augmente. Le toit des autos, remplies des objets les plus hétéroclites, est surmonté de matelas. Les plus malheureux sont les Belges : j'ai parlé à une fillette, ils ont dû quitter leur pays très vite. Tout le long du chemin, les avions tiraient dans un bruit de sifflement. Elle courait alors se cacher dans les fossés avec sa poupée. Je lui ai offert mon goûter, ce qui a eu l'air de lui faire plaisir.

Dans le mois se sont installées à la maison deux Américaines envoyées par mon cousin Ronald Barton.

L'une grosse et rose respire la santé, l'autre, un squelette ambulant, verte et maigre. Elles arrivent d'Étretat, ont été mitraillées pendant leur expédition. En dépit de sa maladie de cœur, Mrs Powell a dû descendre plusieurs fois de sa voiture pour se réfugier dans les fossés, et c'est peut-être pour cette raison qu'elle a si mauvaise mine. Miss Berry King, sa sœur, qui a mieux supporté le voyage, partage notre existence avec ses pékinois, petits monstres sans nez qui ronflent encore plus fort que Teddy. Peu après, la pauvre Mrs Powell est morte dans la chambre à baldaquin. J'ai toujours détesté cette chambre, la plus triste de la maison, aux murs tendus d'une toile brunâtre avec un tapis à ramages et des meubles noirs. J'ai demandé à miss King ce qu'elle comptait faire. Elle m'a répondu qu'elle voudrait faire embaumer le corps mais que c'était impossible en temps de guerre. Puis elle a tourné les talons. Comme personne ne veillait la défunte et que je me souvenais avoir vu des religieuses prier autour de Solange, j'ai pris mon courage à deux mains et suis allée dire un chapelet dans la chambre mortuaire. Ensuite deux hommes en noir sont venus prendre le corps pour l'enterrer au cimetière protestant. Décidément, je déteste la guerre.

En juin, le gouvernement est venu s'installer à Bordeaux. Je m'en étonne devant ma grand-mère car je pense que sa place serait plutôt à Paris ou sur le front. Faute d'autres conquêtes, un général et ses officiers ont pris d'assaut notre hôtel, flanqués d'ordonnances noires qui promènent les chiens, ce qui m'évite de le faire. Au début, ils me faisaient peur avec leurs dents blanches dans des figures sombres, puis je m'y suis habituée. Ensuite, ils ont cédé la place à d'autres, et j'ai demandé à ma grand-mère pourquoi on nous envoyait tous ces gens. « En temps de guerre, il faut être solidaire. Le gouvernement est à Bordeaux comme il l'était déjà pendant la guerre de 1914 et celle de 1870, les hôtels sont pleins, nous devons accueillir tous ces gens », m'a-t-elle répondu.

Tout cela ne m'empêche pas d'aller en classe. J'ai fait la connaissance de Mlle Robert, la directrice du cours Ruello. Elle a une coiffure tout en hauteur, dans le genre de celle de Marie-Antoinette, mais ses cheveux, sans être poudrés, sont gris. Mlle Duchesne est bien différente, elle porte un lorgnon qui pend au bout d'un ruban noir, un col officier orné d'une fleur de lys, ce à quoi je ne trouve rien à redire puisque je suis royaliste, mais elle n'est pas commode et n'admet pas d'autre opinion que la sienne. Notre professeur d'histoire a droit à l'admiration de toutes les élèves depuis que les anciennes nous ont raconté qu'elle ne s'était jamais mariée en raison de la mort de son fiancé tué en 1914.

« Baby, m'a dit grand-ma, nous allons avoir la visite de la reine Amélie de Portugal, elle m'a écrit pour me demander l'hospitalité et je lui ai répondu que je serais ravie de la revoir.

— Pourquoi veut-elle venir à la maison ?

— Parce que c'est une tradition. Les souverains étrangers descendaient toujours chez ton grand-père dont la famille était fidèle aux Orléans, et la reine s'en souvient. Dans sa lettre, elle évoque le discours prononcé par ton ancêtre Pierre François, pair de France, lors de la visite de Louis-Philippe à Bordeaux, le 17 août 1839. Pense qu'à cette occasion le duc et la duchesse d'Orléans furent reçus à Beychevelle et que la petite-fille de ton aïeul remit un bouquet à la duchesse avec ce compliment : " Nous vous offrons nos sentiments et nos fleurs, les fleurs seules passeront. " En 1845, eut lieu une autre visite, celle du duc et de la duchesse de Nemours qui vinrent à Beychevelle alors qu'ils se rendaient au mariage du duc de Montpensier, suivie de celle du comte et de la comtesse de Paris. Il était donc tout naturel que la reine pense en premier s'installer chez nous.

— Va-t-elle rester longtemps ?

— Je n'en sais rien, tout dépendra des événements. »

Finalement, la reine Amélie ne descendra pas chez nous. Sa dame d'honneur, venue en avant-garde, a reculé devant les dimensions du 41. Elle s'en est ouverte auprès du maire qui, tout heureux, a abondé dans son sens et, trouvant que l'énorme demeure conviendrait à merveille pour loger le gouvernement en fuite, lui a proposé un échange : deux suites au Splendide contre notre maison.

Les réfugiés continuent d'affluer. Chaque jour nous voyons entrer en ville des voitures avec des matelas sur le toit. La place des Quinconces est transformée en un gigantesque terrain de camping. Le monument élevé à la mémoire des Girondins regarde stupéfait l'océan de toitures encombrant l'espace réservé à la foire de Bordeaux. Seulement, aujourd'hui, point de baraques foraines ni de tirs aux pipes, mais des visages ravagés par l'inquiétude, la fatigue et le manque de confort.

Ma tante Valentine, la sœur aînée de maman, vient d'arriver, et ses récits nous stupéfient. Elle a dû quitter Fourqueux, le golf dont elle s'occupe près de Paris, si rapidement qu'elle en a oublié ses bijoux dans son bureau, se contentant d'apporter un paquet de pelotes de laine — tout le monde perd la tête en ce moment. Elle nous parle de parachutistes allemands tombant derrière les lignes françaises et se promène un club de golf à la main afin de se défendre au cas où elle rencontrerait ces oiseaux d'un nouveau genre. Personne ne l'a prise au sérieux, mon oncle l'a taquinée disant que jamais on n'avait entendu parler de parachutistes en temps de guerre et qu'elle avait dû voir un vol de hérons.

Une lettre de Philippe, qui nous donne de ses nouvelles – ahurissantes. Après avoir été démobilisé, il est allé rue Leroux en se fiant à un accord signé avec les Allemands selon lequel les soldats retour de guerre avaient le droit de récupérer leur domicile. C'est alors qu'il a eu la désagréable surprise de découvrir que notre hôtel était occupé par la Gestapo. Les Allemands s'y étaient installés d'autant plus confortablement qu'après la mort de mes parents tout était resté en l'état. Philippe a été très mal reçu par un affreux bonhomme qui lui a intimé l'ordre de déguerpir, ajoutant avec haine : « C'est la guerre, et après tout qu'est-ce qui me prouve que vous n'êtes pas juif ? » Mon frère a interrogé le concierge de la maison voisine : « Ce sont de drôles de zèbres, lui a-t-il dit. Ils amènent chez vous des gens qu'ils ont ramassés et les enferment dans les caves. Ce ne sont pas des tendres. Il nous arrive le soir d'entendre des cris provenant des sous-sols. Croyez-moi, ce ne sont pas des exclamations d'ivrogne mais des hurlements de douleur. »

Comme ce concierge avait le double des clefs et qu'il savait à quels moments la maison était vide, il a suggéré à Philippe d'y pénétrer en l'absence des occupants pour récupérer les objets les plus précieux. Le lendemain, embusqué chez le concierge, avec Mlle Guérin, la fidèle secrétaire de ma tante, mon frère a assisté derrière les fenêtres du rez-de-chaussée au départ des agents de la Gestapo. Ce fut un jeu d'enfant pour eux de se glisser dans la rue, d'atteindre la porte du 4 et d'ouvrir la lourde porte aux lions grimaçants. Ils se sont dirigés ensuite vers la chambre de ma mère dans laquelle celle-ci conservait ses objets les plus précieux. Je n'ai pas eu de mal à imaginer quel dut être le chagrin de Philippe de voir les Allemands occuper l'un des lieux de notre enfance. Toujours est-il que, par miracle, tout était en place : dans les tiroirs du haut de la commode tombeau les bijoux de jeune fille de maman avec ceux offerts par papa lors de notre naissance ; les manteaux de fourrure et les robes du soir dans la penderie ; l'argenterie dans sa caisse. Philippe et Mlle Guérin ont entassé le plus qu'ils pouvaient dans des sacs, jetant par la fenêtre les écrins vides afin de simuler un cambriolage jusqu'à ce que, à la fenêtre intérieure de la cour, le concierge inquiet leur ait fait signe de partir. A ce moment-là, par le plus pur des hasards, une camionnette a débouché au coin de la rue, conduite par un ami, Olivier Blanchy, qui, tout de suite, a accepté de participer au « cambriolage ». En un rien de temps, le butin a été entassé avec l'aide du concierge et, dans un crissement de roues, le gazogène s'est ébranlé.

Demain, début des vacances, nous quittons Bordeaux pour Arcachon, cédant la place aux membres du gouvernement qui se sont déjà installés, MM. Herriot, président de la chambre, Campinchi, Darlan, Delbos et Jeanneney, président du Sénat. Rose, la lingère, est effondrée en voyant les collaborateurs des ministres faire la cuisine dans les salles de bains qu'elle soigne avec tant d'amour. M. Herriot est un gros homme que je ne trouve pas beau, mais grand-ma m'a lu les lettres qu'il lui adresse en me faisant remarquer avec quel talent il maîtrise la langue française avant d'ajouter : « Prends-en de la graine ! »

Je suis allée voir Madeleine la concierge pour lui demander ce qu'elle pense de tout cela car je connais son franc-parler. « Ce M. Jeanneney, me dit-elle, est très désagréable. Il ne cesse de tout critiquer, jugeant la maison vétuste, les salons démodés et poussiéreux bien que luxueux, il incrimine les rideaux et les tapis. Il doit souffrir de la prostate, car il passe son temps à réclamer ce qu'il appelle les " closets ". Je préfère M. Blum qui m'a confié son admiration pour ce musée trop spacieux, trop profond, trop sombre, mais bondé de tapisseries, de meubles admirables, de chinoiseries. Il s'extasie sur l'immense galerie " qu'on ne peut traverser, dit-il, sans se demander ou suis-je donc ? ". » Je regrette de n'avoir pu rester un peu plus longtemps à Bordeaux afin d'observer ces gens qui nous gouvernent, et j'aimerais bien savoir ce qu'ils vont inventer pour arrêter l'avance des Allemands, car j'espère que ces fameuses retraites qu'on nous annonce sont terminées et que demain nous apprendrons l'avancée de nos troupes, d'autant que je ne reçois plus de nouvelles de mes frères, la poste ne fonctionnant plus.

Pour tromper notre attente, nous relisons nos vieilles lettres. Celle-ci a été adressée par Édouard le 13 mai à ma tante Valentine lorsque le courrier nous parvenait encore : « Merci mille fois pour votre mot reçu ce soir après trois journées ahurissantes. Je n'ai pas le temps de vous donner des détails, mais je veux que vous sachiez que ça va et que le moral est bon. Donnez-moi des nouvelles des autres. Je vous embrasse tendrement. Édouard. »

A Arcachon nous parviennent les pires nouvelles sur la situation militaire de notre pays et l'incapacité du gouvernement à enrayer la situation. C'est alors que Bordeaux est frappé par un terrible bombardement – ce n'est malheureusement pas le dernier –, ce qui pousse grand-ma à rentrer précipitamment. En arrivant, nous voyons stationnées devant la maison des voitures pleines à craquer de couvertures et de valises annonciatrices d'un départ imminent.

« Que font les membres du gouvernement ? demandé-je à Madeleine.

— Bien des choses et pas trop gaies. Hier à dix heures du soir, ces messieurs avaient une réunion au 41. Le président Herriot recevait M. Jeanneney et puis d'autres, M. Delbos, M. de Tessan qui fait partie du cabinet de M. Blum. Ils se sont installés dans le salon de famille aussi je n'ai rien surpris de leur conversation, mais le téléphone se trouvant au bout de la galerie, j'ai entendu M. Herriot dire : " Rien n'est changé, le conseil aura lieu demain. " A minuit, les sirènes se sont mises à hurler, les Allemands ont commencé à bombarder. Ils sont tous descendus et se sont installés dans la salle où se trouvent les chapeaux et les cannes de votre grand-père. M. Jeanneney a réclamé son manteau, me disant qu'il souffrait de rhumatismes. M. Delbos s'est allongé sur le divan où il a dormi comme un loir en dépit du vacarme des bombes éclatant sur la gare Saint-Jean.

— Tous les officiels ont-ils quitté Bordeaux ?

— Pas tous, mais j'ai entendu dire qu'ils allaient s'embarquer à bord du *Massilia* qui attend au Verdon. »

Je suis effondrée, ainsi ils s'en vont tous, et nous, qu'allons-nous devenir ?

De retour à Arcachon, les événements se précipitent. L'armistice est signé, ce qui, me dit-on, ne signifie pas la paix. Il va y avoir une zone libre, une zone occupée et une zone interdite, celle-ci correspondant *grosso modo* au mur de l'Atlantique, si bien qu'à Bordeaux nous serons en zone occupée et à Arcachon en zone interdite. J'espère que les frères et les cousins vont rentrer puisqu'on ne se bat plus. Certains prétendent que nos soldats ont tous été faits prisonniers, et les bruits les plus étranges circulent. Déjà, nous sentons le poids de l'occupant : nous allons à la Kommandantur nous faire délivrer de nouvelles cartes d'identité, elles sont rayées différemment et nous permettront de séjourner dans la partie de territoire dite interdite. De plus, il nous faut des *ausweis* pour circuler. Pour ma part, une chose me désespère, comment a-t-on pu laisser l'ennemi nous envahir aussi facilement et rapidement ?

Chaque jour, l'atmosphère devient plus pesante. Les journaux se gargarisent de la tragédie de Mers el-Kébir. Mes veines charrient trop de sang de marin pour que je ne sois pas bouleversée par la disparition de notre flotte. Pour les uns, les Anglais ont bien fait car ils redoutaient de voir nos navires tomber aux mains des Allemands. Certains regrettent qu'on ne les ait pas mis à la disposition de De Gaulle pour embarquer les débris de notre armée et les conduire aux colonies. Les plus acariâtres s'exclament : « On les reconnaît bien là ces fourbes d'Anglais, jaloux de notre flotte, saisissant l'occasion de la détruire. » Le ton monte, tout le monde est furieux : « Noubliez pas, s'exclame mon oncle Dani, le manque de cohésion entre nos forces de terre, d'air et de mer. Dans une telle pagaille, c'était probablement la seule chose à faire. » Qui croire? Je pleure notre flotte, et j'ai du mal à penser que nos alliés anglais aient commis ce crime, nous abandonnant à notre sort, alors que notre armée est remontée se faire massacrer à Dunkerque pour protéger leur embarquement.

Hier, j'ai vu des Allemands entrer en force dans Arcachon. Debout sur des voitures légères et suivis de camions chargés d'hommes, ils ont traversé la ville, grands, blonds, bronzés, donnant une impression de force et de santé. Je marchais sur le boulevard de la plage avec une petite réfugiée, Mary Blumenthal; lorsqu'ils sont passés devant nous, elle m'a pris la main et nous nous sommes mises à pleurer. Et puis un motard est arrivé ce matin aux « Pins » avec un ordre de réquisition, ma grand-mère lui a parlé en allemand, mais ce n'était qu'un exécutant chargé de lui signifier que nous devions quitter les lieux. Imperturbable, elle s'est contentée de me dire : « Tu sais, Baby, c'était à prévoir : tu dois maintenant t'attendre à entendre dans n'importe quelle circonstance : " C'est la guerre. " »

A Bordeaux, après le départ du gouvernement pour Vichy, l'hôtel est resté inoccupé et nous apprenons qu'il va devenir le mess de la Kriegsmarine : cinquante hommes y logeront. Expulsées des « Pins », expulsées de Bordeaux, c'en est vraiment trop ! Grand-ma, intrépide, part défendre le bastion familial et, à son retour, me raconte l'entretien qu'elle a eu avec un officier arrogant.

« Madame, lui a-t-il dit, vous devez partir et laisser tout en l'état, meubles, argenterie, linge, services de table, bibelots. Deux factionnaires resteront devant la porte pour faire respecter la consigne. C'est la guerre !

– Mais rendez-vous compte, Herr Major, que vous avez réquisitionné ma villa d'Arcachon. Où voulez-vous que j'aille si vous occupez ma maison ?

– Madame Guestier a des propriétés à la campagne, elle n'a qu'à s'y rendre. »

Comme nous n'en avons pas et que je m'étonne de cette réflexion, grand-ma m'explique que l'officier faisait sans doute allusion à la terre de Langoa qui appartient à mon cousin Barton. Mes oncles l'ont fait mettre au nom de la maison de vin qu'ils dirigent pour ne pas que les Allemands s'en emparent en l'absence de Ronald qui se bat dans l'armée anglaise.

« Rassure-toi, Baby, nous n'allons pas nous laisser faire », me dit ma grand-mère. Oncle Dani, le frère de maman, convoqué d'urgence, arrive de son bureau situé deux maisons plus haut sur le pavé. Nous rejoignons grand-ma au salon et déplions les plans de la maison et des caves qu'il a apportés avec lui. Je remarque un trait rouge qui, m'explique-t-on, indique la séparation entre les caves privées et les chais où se trouvent les bureaux de la maison de vin. Mon oncle y a entreposé une quantité de meubles et d'objets provenant de Bel Sito, la villa de mes grands-parents. Il dit alors à grand-ma : « Je vais vous envoyer tous les rouleurs de barriques disponibles qui remplaceront les objets et meubles précieux par ceux qui se trouvent dans les bureaux. Nous ferons de même avec les plus beaux tableaux et l'argenterie. »

Dans un silence total, je vois alors surgir des caves communicantes les vieux et fidèles employés de la maison qui, pendant presque toute la nuit et sous l'œil vigilant de grand-ma, vont effectuer l'échange. Le cartel de Versailles est remplacé par des trompes de chasse, la dame à cheval cède la place à l'une des innombrables gravures anglaises et la table de malade de la galerie s'efface devant un guéridon en acajou campagnard. Quant à l'argenterie XVIIIe , elle disparaît devant une caisse ordinaire, tout comme le mobilier du salon subtilisé au profit de fauteuils Empire. Stupéfaite, je me promène devant la métamorphose du décor cher à mon cœur et, errant dans les salons dépouillés de leurs plus beaux ornements, je me console à la pensée que les ennemis sont joués. A trois heures du matin enfin, les hommes murent les caves, dissimulent les plâtres tout frais derrière des casiers occupés par des vins de moindre qualité, les déménageurs ayant pris soin au préalable de mettre les grands crus à l'abri.

Rien ne peut dépeindre la fureur du commandant lorsqu'il fait son apparition le lendemain matin. Heureusement, peu averti en matière de mobilier, il n'y voit que du feu mais constate quand même la disparition des tableaux, d'une tapisserie et du clavecin. Ma grand-mère, sans se démonter, lui fait observer poliment que ses factionnaires sont toujours à leur place et qu'il n'a qu'à s'en prendre à eux s'il manque quelque chose. « Pour vous être agréable, ajoute-t-elle, je consens à rapporter le clavecin que j'avais fait monter pour faire travailler ma petite-fille au deuxième étage. »

A la stupéfaction générale, oncle Georges, le mari de tante Valentine, est arrivé hier dans un camion de l'armée portant un uniforme d'officier français dont il avait décousu boutons et galons, accompagné du commandant Augé et du commandant Maurel. Comme l'indique son nom de famille Johnston, oncle Georges est anglais, ce qui ne l'empêche pas de revendiquer les origines grecques de sa mère, la princesse Carraja, dont il a hérité un roulement des *r* impressionnant qui lui vaut le surnom peu respectueux de Rrrrrrrre. Au demeurant, le meilleur et probablement le plus patriote des Français. Il est le deuxième mari de tante Valentine, le premier étant Alfred Schÿler. Voir ces officiers a été une grande joie pour les Arcachonnais ; nous vivons ici au milieu des Allemands qui occupent de plus en plus de villas, dont ils ont chassé les occupants. De plus, les restrictions commencent à se faire sentir, l'ennemi faisant main basse sur le ravitaillement. Heureusement, ils ne touchent pas aux huîtres de crainte d'attraper la typhoïde, aussi occupent-elles une place d'honneur dans nos menus.

Tante Valentine, qui me fait rire par sa fantaisie, file la quenouille au coin du feu et, à défaut de laine de mouton, transforme les énormes sacs de poils de springers qu'elle reçoit de Sandricourt en écharpes du plus bel effet, avec ce commentaire : « Elles grattent un peu, mais pour Noël ça fera l'affaire. » Comme cette matière première d'un genre un peu particulier empeste, elle l'a fait bouillir au préalable !

L'été touche à sa fin. Mon oncle a réussi dans les tractations qu'il menait avec les Allemands depuis plusieurs semaines : nous récupérons notre hôtel qui ne sera plus que partiellement occupé. Du coup, il faut tout changer : la chambre de nurse devient la cuisine, la mienne la salle à manger, tandis qu'un salon est installé dans la salle d'étude. Grand-ma conserve son appartement à l'étage inférieur, nous communiquerons avec elle par l'escalier intérieur. Les cours ont repris mais les rangs se sont éclaircis, plusieurs élèves venues d'ailleurs étant reparties. Les dimanches, je retrouve mes cousines, nous faisons des pique-niques chez l'une ou chez l'autre et pédalons sur les routes fières de nos bicyclettes neuves.

Bonne nouvelle pour une fois : Philippe se marie le 24 septembre prochain. Bien entendu, il n'est pas question que je sois demoiselle d'honneur. Je suis beaucoup trop vieille puisque j'ai quatorze ans ; de plus, je me trouve affreuse et ne suis pas la seule à penser de la sorte. Grande, lourde, le cheveu rare car, après ce qu'il m'est arrivé il met un temps fou à repousser, je suis par-dessus le marché peu avantagée par les accoutrements qui sont les miens. Toujours en deuil, j'aurai droit pour la circonstance à une robe noire à pois blancs, un chapeau au goût du jour qui ressemble à une coquille d'huître ouverte : quand je me contemple devant mon miroir, je ne ressemble en rien à la perle qu'on s'attend à y trouver ! Je me console en évoquant la phrase que maman me répétait : « La beauté n'a aucune importance. Il faut avoir l'air aimable. » Il n'empêche, je me souviens encore des boucles auburn – les siennes – qu'elle cousait dans mon bonnet et que l'on retrouvait après la promenade l'une sur mon front, l'autre sous le menton, ce qui tendrait à prouver qu'elle m'eût préférée mieux dotée par la nature. Il est vrai qu'elle était ravissante et qu'elle avait tout d'un modèle du Titien. Quoi qu'il en soit, j'en ai pris mon parti une fois pour toutes, et je compte bien m'amuser à Biarritz là où le mariage va être célébré.

Un mariage sous l'Occupation n'est pas aussi simple qu'en temps de paix. Pas de voitures : il faudra prendre le train. Les sportives de la famille décident de circuler à bicyclette. Grand-ma transporte les bijoux de tout le monde. En effet, quand elle a vu arriver les « Prussiens », comme elle dit, elle a fait confectionner par sa femme de chambre Yvonne quatre sacs en tissu reliés par une cordelette qu'elle s'attache autour de la taille et dans lesquels sont entreposés les diamants, émeraudes et rubis de ses filles et belles-filles car là, dit-elle, « personne ne viendra les chercher, ce qui ne serait pas le cas à la banque ou sous les jupes des jolies filles ». Je ne peux m'empêcher de rire en voyant sa démarche gracieuse que souligne l'ondulation de ses jupes richement garnies.

Le matin de la cérémonie, ma tante Valentine est descendue enveloppée dans une cape en taupe provenant de Fourqueux. Elles pullulaient, paraît-il, sur le golf, et les caddies les attrapaient grâce à des pièges. Comme elle n'avait pas de chapeau, j'ai été ravie de lui passer le mien. Avant de partir, grand-ma a évoqué des souvenirs d'enfance. Elle se souvient très bien de l'impératrice Eugénie, alors qu'elle n'était qu'une petite fille et que son frère André était souvent invité à jouer avec le prince impérial. Un jour qu'elle l'avait accompagné, l'impératrice l'a prise dans ses bras en riant, l'a embrassée et lui a donné la fleur qu'elle portait épinglée à son corsage. « Je l'ai conservée, me dit ma grand-mère, tu la trouveras séchée dans mon missel. »

A la mairie, assise sur ma chaise, j'examine les lieux : c'est une belle salle, mais j'ai beau regarder partout, je ne vois pas de buste de la République. Intriguée, j'en demande la raison à mon cousin. « Pourquoi y aurait-il son buste puisqu'elle n'existe plus ? » Décidément, je ne comprends rien. Je savais que nous étions occupés par l'ennemi, mais j'ignorais que la République fût morte. L'idée que nous ne soyons plus rien me déplaît horriblement. Mes cousins ont beau me dire que nous sommes devenus « l'État français », cela ne me dit pas grand-chose. Puis la porte s'ouvre sur celui qui n'est même pas le maire mais son adjoint. Il a le nez pointu, tient à la main l'écharpe tricolore qu'il pose sur la table d'à côté. Comme c'est décevant ! Il se penche vers la future mariée et lui demande si elle accepte comme époux Marie Manset. Cet homme doit être fou ou bien il ne sait pas lire. Je me retiens de crier : « Il s'appelle Philippe ! » Mais je me tais, attendant au moins un discours. Rien ! Peut-être est-ce l'usage dans les pays qui ne sont plus rien...

Le mariage religieux a lieu le lendemain. A l'église, tout disparaît derrière les fleurs, et les femmes ont remplacé leur chapeau par des mantilles. Tenant à la main un grand chapelet, la mariée, précédée de quatre enfants de chœur, fait son entrée au bras de son frère ; elle est habillée comme une religieuse de luxe, avec un nœud cousu sous le menton qui retient son voile. Après la messe, nous remontons à la villa « Haitsura », où les mariés président la table. Pour ma part, je déjeune sur les marches de l'escalier. Les soirs de fête sont toujours tristes. En quelques heures disparaît le plaisir que l'on s'était promis des mois à l'avance. Philippe et Beatriz sont partis. J'ignore où ils vont habiter. On ne m'a rien dit, mais je ne veux pas y penser puisque, dès qu'Édouard sera de retour, tout s'éclaircira et lorsque la guerre sera finie, la vie reprendra comme avant.

A Bordeaux, j'ai retrouvé mes cousines, Monique, Anne-Marie et Pomme. Il y a aussi Baby Buhan que j'aime bien, ainsi que sa sœur Tita. Mais elles sont au Sacré-Cœur et nous nous voyons moins souvent. Tante Valentine a eu la visite d'un ami de captivité de mon cousin Éric, François Chatel, qui a été libéré comme soutien de famille. Il nous apporte des nouvelles fraîches d'Éric qui se porte aussi bien que possible dans son camp de prisonniers, malgré des actes d'insubordination qui lui ont valu plusieurs fois le cachot. Même si j'ai tort, j'envie presque mon cousin. Au moins sait-on où il est, ni blessé ni malade. Mais d'Édouard, on ne sait rien. Certains de ses amis prétendent l'avoir aperçu à pied au moment de la retraite sur l'Oise. Dans sa dernière carte, datée de juin, il me racontait qu'il avait dû abattre la pauvre jument Hadès, parce que fourbue.

Et puis la nouvelle est arrivée hier : Édouard ne reviendra pas, il est tombé à Dunkerque, le 12 juin, en protégeant l'embarquement des Anglais. Un paysan l'a enveloppé dans une couverture et l'a déposé dans le fossé, devant sa porte, en attendant qu'on vienne le chercher pour l'enterrer au cimetière d'Ingouville, près de Saint-Valéry-en-Caux. Des Anglais étaient avec lui, comme l'a raconté son ordonnance en rapportant les objets qu'il portait sur lui ce jour-là, et ainsi que l'a confirmé la lettre du maire de Neuville : « J'ai trouvé à Ingouville-sur-Mer, hameau du Bourg, le passage du premier escadron du 5e régiment de cuirassiers. Il a participé aux combats des 10, 11 et 12 juin avec les motorisés anglais. Le lieutenant Édouard Manset s'est conduit en brave ; seul dans une maison, après avoir percé une meurtrière dans le pignon, il s'est battu, tirant sur l'ennemi au fusil-mitrailleur. Hélas, tant de bravoure se paie. Les Allemands l'ont vite repéré et ont fait tomber un déluge de balles et d'obus sur la maison. Plus loin, ses hommes à l'abri ont été faits prisonniers. Ils ignoraient sans doute le sort de leur lieutenant. »

Cette fois-ci, c'en est trop et je l'ai très mal pris. Ils vont donc tous partir, l'un après l'autre ; Édouard m'avait pourtant promis que nous ne nous quitterions jamais. « Sourire toujours à tout », est-il inscrit sur la gravure que m'a donnée mon institutrice Mlle Feuillet.

Eh bien, j'en ai assez de sourire toujours à tout ! Je suis lasse de cette résignation perpétuelle, me révolter mettra peut-être un terme à ce cauchemar. Je suis partie marcher sur la plage en claquant la porte ; je déteste tout le monde, tous ces gens bienveillants qui viennent pleurnicher leur compassion. Je veux rentrer chez moi.

Je me souviens d'Édouard après la mort de Solange. Il était tout à fait bizarre, ne parlait presque pas, se refusait à reprendre une vie normale. Un jour à la maison, comme il ne voulait pas passer à table, je suis allée le chercher et l'ai trouvé dans un des grands fauteuils en cuir rouge de sa chambre, fixant un point dans le vide. Quand je lui ai parlé, il m'a fait signe de partir sans un mot. J'ai eu peur et me suis retirée. Mes parents étaient inquiets, parlant de dépression. Après avoir été libéré en 1938, il a repris du service, à la joie de maman qui pensait qu'il serait moins malheureux avec ses camarades de l'armée. Je le revois en uniforme, portant fièrement l'insigne de son régiment, anciennement le Royal-Pologne, l'aigle polonaise couronnée aux ailes éployées sur fond de soleil d'or.

Les larmes me montent aux yeux en relisant une de ses lettres adressée à un ami de mon père, le 7 avril 1940 : « Je reçois à l'instant votre lettre et je vous en remercie infiniment. Je vous avoue que les quelques jours de permission obtenus jusqu'à présent m'ont été odieux ; c'est vraiment trop triste de revenir et de se retrouver seul parmi tant de souvenirs. Enfin, n'est-ce pas pour les parents une grande récompense d'être partis ensemble, surtout à la veille de cette guerre qu'ils redoutaient tant ? Je le crois sincèrement, mais pour nous qui restons c'est bien triste. J'ai de bonnes nouvelles d'Élisabeth, toujours à Bordeaux chez ma grand-mère. Patrick est à l'état-major de la 3e DC. J'ai eu la chance de pouvoir obtenir une voiture et d'aller lui

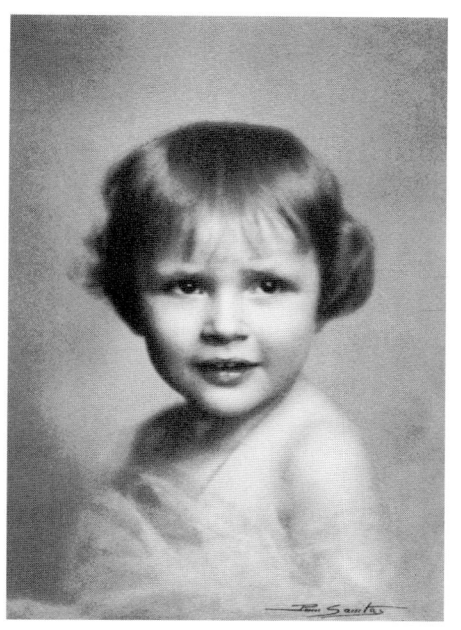

Elisabeth à deux ans. (*DR.*)

Elisabeth avec son chien Charley. (*DR.*)

Hôtel Piganeau où vécut la grand-mère d'Elisabeth avant son mariage. (*DR.*)

Château de Beychevelle, propriété de son aïeul
Pierre-François Guestier. (*DR.*)

Pierre-François Guestier. (*DR.*)

Ses parents, Octave Manset et Marie-
Charlotte Guestier au moment de leurs
fiançailles... (*DR.*)

Elisabeth Manset et Edmond de Rothschild au mariage d'Edouard Manset et Solange Heeren. (*DR.*)

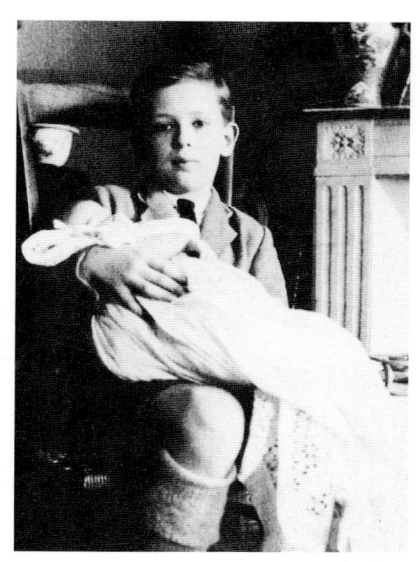

Bordeaux, 1926. Patrich Manset, son frère, tenant Elisabeth. (*DR.*)

Edouard Manset, frère d'Elisabeth et Solange Heeren, son épouse (médaillon). (*DR.*)

Philippe Manset, frère d'Elisabeth. (*DR*)

Le château de Chimay. (© *Edit. Thill, S.A., Bruxelles.*)

Théâtre du château de Chimay construit par Cambon. (© *Edit. Thill, S.A., Bruxelles.*)

Thérésa de Cabarrus, Madame Tallien, princesse de Chimay. (© *Edit. Thill, S.A., Bruxelles.*)

Le "grand prince" de Chimay, arrière-grand-père d'Elie. (*DR.*)

1947. Baptême de l'arbre au milieu des ruines, devant le château.
(© *A. Hubert, Select-Studio.*)

La comtesse Greffulhe avec ses barzoïs que lui a offerts le tsar. (*DR.*)

Elisabeth et Elie de Chimay. (*DR.*)

Avec la reine Fabiola. (© *Christian Lambiotte.*)

La famille, de gauche à droite :
Philippe, Alexandra, Elisabeth, Gilone, Elie et le chien Romulus. (*DR.*)

faire une visite car il est cantonné à quelque soixante kilomètres d'ici. Il est en de bonnes mains et sous les ordres directs du chef d'état-major, mon ancien chef d'escadron, qui connaissait papa et l'aimait beaucoup. Quant à Philippe, le voici candidat au mariage. Sa fiancée est jolie, charmante, intelligente. Je suis sûr qu'elle saura apporter à Élisabeth la tendresse et l'affection dont elle a tant besoin. Que vous dire de plus? Nous attendons avec impatience le soir du grand baroud. C'est vraiment une drôle de guerre. »

Pendant huit jours, j'ai été odieuse, ne parlant à personne, refusant cette nouvelle épreuve. Grand-ma m'a expliqué qu'oncle Dani va être mon nouveau tuteur. De quoi se mêle-t-il? Je voulais bien obéir à ma grand-mère que j'aime, et à Édouard mon frère, mais pourquoi devrais-je à présent obéir à un oncle? A la fin de cette année scolaire, je passerai mon bachot; l'an prochain, ce sera la philo et j'aurai seize ans. Jusque-là, il faudra bien s'incliner.

Bien des années plus tard, j'allai à Dieppe chercher mon petit-fils Philippe, pensionnaire au collège de Lady Cross, parce qu'il était malade. Mon amie Odile, Normande, m'accompagnait. Au cours du voyage, je lui avouai l'émotion que j'éprouvais à retourner dans le bocage normand, où mon frère Édouard avait perdu la vie. J'eus alors l'idée de retrouver l'endroit où il était tombé et dont j'avais les souvenirs les plus vagues. En effet, à la fin de la guerre, lorsque mes frères étaient allés récupérer le corps d'Édouard pour l'enterrer aux côtés de Solange et de mes parents, ils n'avaient pas voulu m'emmener.

Philippe nous attendait à Dieppe, coiffé de sa casquette rouge et apparemment ravi de ces vacances inattendues. En passant devant Varengeville, nous nous arrêtâmes au cimetière qui, du haut de la falaise, domine la mer et où reposent peintres et poètes. En visitant la chapelle attenante, je réalisai la folie de mon projet. J'avais oublié le nom du village – Rigouville ou Bigouville ? – et je n'étais même pas sûre de retrouver les endroits où les combats s'étaient déroulés. En remontant dans la voiture, je priai intérieurement Édouard, lui demandant de nous guider. Non loin de Saint-Valéry, nous décidâmes de quitter la grand-route et de gagner les chemins qui serpentent entre les haies. Voyant une ferme, nous fîmes halte pour demander à une femme le nom du plus proche village. « Ingouville, nous-dit-elle, remontez le chemin, c'est à un kilomètre au-delà de la nationale. » Puis elle ajouta : « Vous venez pour l'anniversaire, les Anglais étaient là hier. Il y a eu une cérémonie en l'honneur des Français et des Anglais tués lors de la bataille de Saint-Valéry. » Comme je lui expliquai la raison de notre présence, elle me répondit à ma grande stupéfaction : « Le lieutenant Manset, il a été tué ici, dans la maison de mon grand-père. Il nous avait fait cacher dans les bois. Toute la journée, nous avons entendu tirer. Au soir, quand le bruit s'est tu, nous sommes retournés à la maison. Il était là-haut, et mon grand-père m'a chargée d'aller chercher une couverture pour l'ensevelir dans le fossé. »

Ainsi, exauçant ma prière, Édouard nous avait-ils guidés jusqu'en ce lieu où nous n'aurions pas un instant songé à le chercher.

IX

Nos jours à l'heure allemande

Ici, la vie s'organise. Le matin, ma première visite est pour ma grand-mère. Je descends en courant un étage par le grand escalier ; la porte à deux battants ouvre sur une galerie bordée de part et d'autre de grandes armoires bordelaises du XVIIIe siècle en acajou. Elles contiennent des trésors dissimulés aux regards, livres anciens, dentelles précieuses, services en porcelaine de Chine, souvenirs de la monarchie. Ma famille, anoblie par Louis XVIII, y est restée attachée, bien que mon grand-père n'ait jamais porté le titre, prétendant qu'il préférait être « le premier bourgeois de Bordeaux plutôt que le dernier baron du roi », ce qui m'a toujours semblé assez prétentieux. Pour sa part, son arrière-grand-oncle Pierre François avait été très heureux, en 1847, d'être élevé à la dignité de pair de France par Louis-Philippe pour services rendus à la monarchie.

Les clefs actionnant les énormes serrures sont étiquetées et rangées avec amour dans une chambre donnant sur le pavé, celle de mon grand-père qui fait suite à celle de grand-ma. Dans celle-ci, le lit encastré dans une alcôve en boiseries ressemble à un bateau. Lorsque j'étais petite, j'aimais m'y rouler dans les draps aux volants de dentelles pendant que ma grand-mère prenaît son petit déjeuner. Je reconnais le parfum de lavande qui s'en exhale encore quand j'entre dans la pièce. Il y avait alors pour moi un goûter de pensionnaire, une barre de chocolat enveloppée dans du papier d'argent, ce qui me semblait le comble des délices.

Aujourd'hui, le temps des goûters de pensionnaires est révolu, et c'est dans son boudoir que je retrouve grand-ma. Assise à son secrétaire en marqueterie, enveloppée frileusement dans une robe de chambre d'une blancheur immaculée sur laquelle elle a posé une matinée de linon plissée ornée de valenciennes, elle rédige son courrier pendant qu'un feu brûle dans la cheminée de marbre blanc garnie de pampres de vigne. Toujours d'humeur égale, elle m'accueille avec le plus merveilleux des sourires; assise à ses pieds sur une chaise basse, j'aborde avec elle le programme du jour. L'ambiance de la pièce est chaleureuse, en dépit de ses dimensions imposantes. Sur le sol un tapis sur lequel mes cousins et moi venions enfants jouer avec les fameuses « bricks » : dans un panier sont empilés les cubes décorés que nous devions assembler en vue de recréer un paysage. Combien de petites mains avant les nôtres se sont plu à remuer ces cubes enchantés sans, je crois, parvenir à reconstituer une image ? Les sujets sont presque effacés, mais le rêve est toujours présent et, machinalement, j'en caresse un ou deux en passant.

Au pied de la baignoire de la salle de bains contiguë repose sur un fauteuil capitonné le linge renouvelé chaque jour, corsets de soie noire, cache-corset, chemise en linon et dentelles, pantalons garnis de volants évoquant le frou-frou de la Belle Époque – le nec plus ultra du raffinement. De tout cela, Yvonne la femme de chambre prend un soin jaloux et sait mieux que personne repasser ces trésors qu'elle ne confierait jamais à ces lingères que je vois évoluer comme un bataillon à l'exercice dans une des cours intérieures.

La cuisinière qui frappe à la porte interrompt ma rêverie. Le conciliabule devient affaire d'État : comment réaliser un menu convenable alors que les Allemands multiplient les réquisitions ? Dieu merci, grand-ma a des réserves secrètes. En effet, pendant la guerre de 1914, les Américains venaient chez nous avec des paquets de sucre en guise de fleurs. Lorsque les épices et le café affluèrent à nouveau, les colis non consommés furent oubliés. Ces provisions reposaient depuis vingt ans dans ce que les Bordelais appellent « la dépense », pièce contenant des bouteilles d'alcool vieillies depuis des années, des sacs de haricots, du café rapporté des îles et torréfié dans une sorte de moulin qu'une fille de cuisine actionnait à la main en tournant une manivelle. C'est en mettant de l'ordre dans ce quartier secret qu'un jour glorieux ma grand-mère a découvert ces trésors plus rares que des diamants et dont elle avait oublié l'existence.

Bien entendu, il faut trier les marchandises car les charançons se sont installés dans les lieux. Avant la guerre, il n'eût pas été concevable de consommer des haricots ainsi envahis, mais aujourd'hui l'heure n'est pas à faire des embarras. La cuisinière est ravie lorsque ma tante Jacqueline, qui a des groseilles à Bon-Air, sa propriété des environs de Bordeaux, annonce qu'on va pouvoir faire des confitures. Elle va les apporter et nous verrons bouillonner les fruits et le sucre dans les marmites en cuivre. Pas plus à Bordeaux qu'à Paris ou à Sandricourt, je n'ai le droit d'aller aux cuisines, mais j'aurai la permission de tremper mon doigt dans le précieux sirop que l'écumoire aura prélevé sur le dessus du récipient. La porte de la dépense refermée, nous retournons au boudoir où je ne m'attarderai pas car l'heure d'aller au cours a sonné.

Suivie de Jane, la femme de chambre choisie par ma grand-mère et qui remplace nurse, je contemple les marronniers dont les bourgeons, chaque année, sont annonciateurs du printemps. Nous remonterons la rue qui fleure les épices et le café. Là se trouvent les entrepôts où les navigateurs déposaient leur butin. Sur la place des Quinconces, j'évoquerai le souvenir de Louis XVI qui en avait approuvé le plan et saluerai le monument à la mémoire des Girondins où figurent des chevaux marins et des tritons crachant par les naseaux l'eau qui apporte un peu de fraîcheur quand le soleil brûlant inonde la place de ses rayons. Dans le lointain, on devine le grand pont de pierre qui a remplacé le bac. Le roi en avait apprécié le projet, c'est Napoléon qui le fit réaliser, non sans que de riches Bordelais, comme mon ancêtre, aient participé à son financement. Voici enfin le cours Ruello où tant de Bordelaises ont fait leurs études avant moi.

Mon esprit vagabonde. Que sont devenues mes amies de Paris, les reverrai-je un jour ou bien auront-elles pris leur envol vers des villes de province, oublieuses de notre amitié et de nos occupations enfantines ? Sous nos fenêtres défilent les marins allemands, des rubans flottent derrière leurs sombres bérets. Ils passent en chantant à deux voix *Heili, Heilo*, et nous entendons leur marche scandée par le martèlement des bottes sur le pavé.

La classe terminée, nous descendons au galop l'escalier en colimaçon. Dehors, les garçons attendent sur leurs bicyclettes. Mlle Robert la directrice essaye bien de les faire déguerpir, mais ses vociférations ne font que les amuser. Les plus jolies parmi les grandes élèves sont saluées comme elles le méritent, les plus jeunes, dont je fais partie, se hâtent de rentrer chez elles où les attendent leurs familles. Lorsque l'une d'elles manifeste trop d'intérêt pour la gent masculine, Jane, qui sert de chaperon à toute la classe, s'écrie : « Mesdemoiselles, ne vous conduisez pas comme des trottins ! » Parfois a lieu la distribution des biscuits vitaminés. Ils sont peu attrayants, mais un appétit de quatorze ans et le manque de choix leur donnent à mes yeux une saveur incomparable.

Après le déjeuner, je cours à la leçon de chant. Une vieille demoiselle nous enseigne l'art de placer la voix « dans le masque », nous faisant répéter vingt fois « Arrrrabe, Arrrrabe, Arrrrabe ». C'est un peu lassant, mais je reconnais qu'elle nous fait progresser dans cette discipline, tout comme le professeur de piano, doté d'une patience inépuisable. De retour à la maison, je fais mes devoirs sous la surveillance de tante Cri à qui je récite mes leçons. La journée se termine par un repas toujours apprécié ; enfin c'est la veillée dans le salon de famille. Nous pourrions nous croire seules dans cette maison dont les bruits sont assourdis par l'épaisseur des tapis, malgré la présence discrète des serviteurs égaillés dans les étages. En fait, il ne se passe rien. Plus que jamais, j'éprouve une impression d'attente et, pour tromper ce sentiment angoissant, tante Cri et moi tricotons pour les prisonniers, pendant que grand-ma fait une patience et que le cartel, imperturbablement, sonne de quart d'heure en quart d'heure.

L'ennui, ce sont les bombardements. La nuit, les Anglais visent la base sous-marine en se repérant grâce à la Garonne qui scintille sous la lune. La ville est plongée dans l'obscurité, on nous oblige à tendre aux fenêtres des tissus bleu foncé ou noirs pour masquer les lumières. Malheur à celui qui ne s'y plie pas, les Allemands n'hésitant pas à tirer sur les fenêtres éclairées. Dès que l'alerte retentit, grand-ma me fait descendre au rez-de-chaussée où, même avec un oreiller et une couverture, il est difficile de retrouver le sommeil tant le bruit des batteries antiaériennes est infernal.

Tandis que le personnel patiente dans les vestiaires, grand-ma et moi, assises sur les cathèdres, attendons sagement que le bourdonnement des avions diminue. Après le hurlement des sirènes annonçant la fin de l'alerte, je remonte me coucher titubante de sommeil, avec la perspective insupportable d'aller en classe à huit heures après avoir veillé une partie de la nuit. Le matin, en traversant la place des Quinconces, nous découvrons des morceaux de ferraille, débris de projectiles envoyés contre les avions. Nous en faisons collection, c'est une consolation !

Un jour, j'ai entendu la cuisinière faire ses confidences à grand-ma : « Mon Dieu, madame, quelle terrible nuit. Heureusement, Mlle Miss nous a réconfortés. " N'ayez pas peur, nous disait-elle, vous n'avez rien à craindre, jamais les Anglais ne bombardent autre chose que les objectifs stratégiques. " » Chère nurse, elle est formidable dans les grandes circonstances.

Le 20 mars 1941, j'ai eu quinze ans. Je me faisais une idée merveilleuse de cet âge. En réalité, je ne vois guère de différence avec l'année précédente. Le seul avantage réside dans le fait que, le dimanche, j'ai droit aux réunions dansantes. Avec ma cousine Adélaïde, la fille de ma marraine, rentrée à Bordeaux, nous nous retrouvons chez l'une ou chez l'autre avec nos souliers de bois et nos robes en ersatz ; les garçons ont adopté une coiffure amusante, un toupet sur le front qui me fait penser au conte de Perrault, *Riquet à la houppe.* Ils portent des pantalons collants, les filles des jupes très courtes, des vestes très longues et des chapeaux ronds. Lorsqu'elles n'en ont pas, elles retiennent leurs cheveux avec des peignes surmontés de rubans de couleur : voici l'uniforme de ce qu'on appelle les « zazous ». Au cours de ces fêtes, nous dansons le swing, plus acrobatique que gracieux, mais notre grande distraction est d'entonner en chœur et à tue-tête les ritournelles de Charles Trenet, notre fou chantant. Nous oublions alors la guerre, l'Occupation, les privations, et nous nous amusons de tout cœur. Mais, comme Cendrillon, il ne faut pas oublier l'heure. Malheur à celui que les Allemands trouveront dehors lorsque le couvre-feu aura sonné : il sera arrêté, conduit à la Kommandantur et, si ses papiers ne sont pas en règle, considéré comme otage au cas où les résistants tenteraient une action. Je bénis Édouard qui m'a offert ma bicyclette qui me permet de circuler rapidement sur les pavés de Bordeaux.

A la belle saison, notre distraction est d'aller à la foire sur les Quinconces. On y trouve des baraques foraines, des autos-tamponneuses, le tir aux pipes et des antiquaires chez qui Adélaïde et moi aimons chiner. Sinon, nous allons aux courses du Bouscat voit courir les chevaux d'oncle Dani, mon tuteur depuis la mort d'Édouard; le mercredi, nous montons chez un ancien sous-officier. Son manège se trouve près du champ de course d'où, très rapidement, nous pouvons gagner les landes. Nous ménageons nos chevaux, peu nourris et vite fatigués. Lorsqu'il fait beau, il nous arrive d'aller au Taillan chez ma grande amie Pomme Cruse. Nous y retrouvons les autres cousines, Anne-Marie et Monique, qui habitent un endroit ravissant, Solcedo, à proximité du château. La campagne des environs de Bordeaux respire un charme infini : nous roulons avec ardeur à bicyclette entre les vignobles aux noms prestigieux, et nos robes fabriquées dans des tissus de récupération nous donnent des airs de grandes fleurs égarées sur le bitume. Parfois, une voiture de l'armée allemande nous croise ; les soldats nous lancent des lazzis que nous feignons de ne pas entendre.

A la fin de l'année scolaire, la classe de philo a décidé de donner une fête en l'honneur de notre professeur

Mlle Lachaise et de l'abbé Lacaze. Elle se tient à Bon-Air. Chacun doit contribuer aux réjouissances sous forme de tickets de pain, de matière grasse et de boisson. Naturellement, tout le monde apporte du vin et du cognac, tandis que tante Jacqueline sacrifie en notre honneur des poulets, denrée rare en ces temps de disette. Le soir, en partant, nous sommes très gais. L'abbé se trompe de chapeau, laissant le sien au vestiaire, à la surprise de mon oncle, peu habitué à un couvre-chef de curé. Quant à nous, nous rentrons à Bordeaux en suivant les rails du tramway, heureusement sans provoquer d'accident. Après quoi, je passe une très mauvaise nuit, faisant le serment de ne plus jamais abuser de vin.

Pour moi, Bon-Air est un havre de paix. Cette chartreuse, étirée en forme de U, dont les bâtiments entourent une cour fermée par une grille recouverte d'une vigne vierge, est le type même de ces anciennes demeures du pays, coiffées de tuiles roses, éclairées de portes-fenêtres à petits carreaux qui laissent pénétrer la lumière à flots, tamisée lors des trop fortes chaleurs par des stores blancs. A l'intérieur, elle joue sur les commodes tombeaux, les meubles du XVIIIe siècle, les tapisseries des Gobelins et une incroyable collection de souvenirs de la monarchie. Comme la plupart des propriétés bordelaises, Bon-Air est envahi par les Allemands qui y ont installé une batterie antiaérienne, ce qui s'explique par la proximité de la ville et le fait que les bois entourant la propriété permettent de camoufler les canons. Quand le cafard me prend, j'enfourche ma bicyclette et je pars passer deux jours chez ma marraine. Du reste, j'y suis maintenant de plus en plus souvent depuis que ma grand-mère a appris que les filles de mon âge étaient réquisitionnées pour nettoyer les trains allemands à la gare Saint-Jean. Affolée, elle m'a obtenu un certificat de travailleur agricole sur les terres de Bon-Air, mais si j'échappe ainsi à la réquisition, je n'en dois pas moins justifier mon occupation en présentant le fruit de mon travail. Adélaïde se trouve dans la même situation. Après maintes hésitations et d'interminables délibérations, il a été décidé de nous faire planter un champ de tournesols.

Ce matin-là, levées à l'aube, nous remontons l'allée de platanes qui sépare la maison de la route puis nous franchissons la grille afin d'atteindre l'allée qui mène au but : sur notre droite, une vaste étendue de terre en friche, sur notre gauche, le potager, la vigne et la serre où Pierre, l'innocent, entrepose fleurs et semences. Désormais, la jachère sera le terrain de nos exploits. Courbées en deux la journée durant, notre main plongeant dans le panier contenant les graines, nous semons régulièrement, l'une à côté de l'autre : trois pas, trois graines, trois pas, trois graines. Sans relâche, nous progressons le nez au sol. Tout ne sera pas terminé dans la journée. De temps à autre, nous essuyons les gouttes de transpiration qui nous coulent dans les yeux, mais il ne faut pas s'attarder et, quand vient le moment de la pause, nous nous écroulons sur le sol, éreintées et ravies de mesurer la progression de notre travail. Le soir, il ne nous reste plus qu'à gagner la salle de bains où nous détendrons avec délices nos membres las dans une eau brûlante. Mon corps n'est qu'une courbature et, pour la première fois, je réalise combien est dure la vie des gens de la campagne. Pourtant, demain, il faudra recommencer. Tante Jacqueline détient une recette de sa jeunesse du temps où elle chassait à courre ; elle nous tend un morceau de sucre sur lequel elle a versé des gouttes d'arnica. C'est plutôt mauvais mais, il faut le reconnaître, le lendemain au réveil nous ne souffrons presque pas.

La journée suivante est semblable à la précédente, à ceci près que nous voyons avec joie notre pensum toucher à sa fin. La surface ensemencée est d'une taille respectable, et nous avons travaillé plus vite que nous l'espérions. Le soir, commencent alors les divagations de Perrette et du pot au lait : quand les tournesols auront poussé, nous en ferons de l'huile que nous entreposerons dans des jarres en prévision de l'hiver. Après quoi, nous troquerons le surplus contre des chaussures, du tissu et de la laine, ce qui nous permettra de tricoter pour nos prisonniers. Ensuite, assises sous les tilleuls, nous écoutons, à demi sommeillantes, les histoires d'autrefois, les exploits du Prince Noir, les amours de notre duchesse d'Aquitaine qui fut reine de France et d'Angleterre, les splendeurs de sa cour et l'énergie avec laquelle elle voyagea à travers l'Europe, allant quérir dans le Sud cette Blanche de Castille qui fut la mère de Saint Louis. Les chiens dressent l'oreille, ils semblent écouter ces récits avec intérêt jusqu'au moment où une hulotte donne le signal de la retraite; ils est temps de rentrer, la fraîcheur tombe.

Aux innocents les mains pleines ! Le champ se couvre vite des premiers signes de la naissance de nos tournesols. D'abord minuscules, puis plus importants, ils deviennent bientôt de longues tiges surmontées de fleurs rondes – autant de soleils. Tous les jours, nous courons admirer leur progression. Enfin, c'est une réussite totale : à perte de vue des vagues d'or ondulent sous la brise. Puis, soudain, on dirait que le temps se couvre, un nuage noir obscurcit le ciel, rien ne le laissait présager. Surprises, nous levons la tête pour voir s'abattre sur notre champ, avec une rapidité foudroyante, une nuée de sauterelles. Au bout de cinq minutes, il n'y a plus rien, ni sauterelles qui sont parties aussi vite qu'elles sont venues, ni tournesols qu'elles ont dévorés. Atterrées, nous nous asseyons par terre contemplant nos ruines, car rien ne saurait mieux qualifier l'apparence de notre champ après ce saccage. Tant d'efforts réduits à néant parce qu'en Afrique des soldats ont dérangé ces sauterelles et les ont contraintes à partir. A présent, je comprends ce qu'éprouvent les paysans quand la pluie ou la grêle détruisent leurs récoltes. Plus jamais je ne laisserai dire devant moi que ce sont des râleurs-nés. Accablées, nous regagnons la maison, escortées par Pierre l'innocent qui pleure à chaudes larmes.

Cette année-là, les grandes vacances nous réunissent chez tante Valentine à Arcachon, villa « Pernette », car il n'est plus question de passer l'été aux « Pins », occupés par les Allemands, leurs chevaux et leurs motards. Ma tante, dont l'hospitalité est légendaire, reçoit à la perfection avec les moyens du bord, et les agapes qu'elle propose sont agrémentées de vins délicieux en provenance de Dauzac, la propriété familiale d'oncle Georges. Par manque de clients, la guerre a condamné ce cru excellent à mourir de sa belle mort : mieux vaut donc le boire ! La villa est accueillante, surencombrée de meubles de tous styles, où règnent en maîtres trois chiens wipets aussi insolites que leurs maîtres. Une certaine Ishbell fait la joie des enfants car ma tante lui a appris à parler. En échange d'un morceau de sucre, elle vous appelle « mama » d'une voix sépulcrale, et si votre don n'arrive pas assez vite à son gré, c'est un adjectif moins flatteur qu'elle vous lance à la figure. Quant à son fils Kiki, il est célèbre pour le coup de fusil de ses naseaux qui tuerait une mouche à dix pas. Oncle Georges, qui adore les chiens, fait les poubelles le matin pour récolter la viande que nos voisins jettent sans regret et qu'il additionne d'arêtes de poisson, nourriture de luxe en cette période de disette.

Dès le début de l'Occupation, nurse, en tant qu'Anglaise, a eu des ennuis avec les Allemands qui lui ont intimé l'ordre de se présenter tous les matins à la Kommandantur, ce qui l'oblige à parcourir une grande distance à pied. Devant cette situation, oncle Dani s'est entretenu un jour avec ma grand-ma avant de lui expliquer que, dans son intérêt, elle devait partir, sinon les Allemands allaient l'envoyer dans un camp. J'ai demandé ce que cela signifiait.

« En temps de guerre, les ressortissants d'un pays ennemi doivent être mis sous surveillance pour des raisons d'espionnage.

— Enfin, c'est stupide, nurse n'a rien d'une espionne.

— Mon enfant, stupide ou pas, c'est ce qui va lui arriver si nous ne prenons pas de sérieuses précautions. J'ai donc écrit à Joséphine, l'ancienne femme de chambre de ta grand-mère qui habite Aire-sur-l'Adour, elle est prête à accueillir ta nurse, tout comme Katie, celle de ta cousine Adélaïde. Aire est en zone libre, elles y seront en sécurité. » J'ai regardé nurse, elle avait sa figure butée des mauvais jours.

« *Thank you, monsieur, I won't go.*

— Mais enfin, nurse, c'est de la folie, vous devez partir, sinon ils vous arrêteront et Dieu sait ce qui pourra vous arriver.

— J'ai promis à Madame de ne jamais quitter la petite, je n'irai pas à Aire. »

Mon oncle et ma grand-mère se regardent consternés. Ils connaissent bien Lizzie, arrivée de son île à dix-huit ans pour s'occuper du cousin germain de maman, François-Xavier. Lors du mariage de mes parents, elle est venue chez nous, a élevé mes frères et moi-même, professe une véritable adoration pour maman. Elle est le pilier de la maison et fait toujours preuve d'un furieux entêtement.

Pour finir, Katie est partie seule et, en dépit de tout ce qu'elle a pu dire à Lizzie, celle-ci est restée, a continué à se rendre quotidiennement à la Kommandantur jusqu'au jour où la prévision de mon oncle s'est réalisée : les Allemands l'ont arrêtée. Il paraît que tous les ressortissants britanniques ont subi le même traitement. Pauvre Mamie, me dis-je, si elle avait pu se douter que la fidélité à la parole donnée vaudrait à Lizzie un sort semblable, elle ne le se serait jamais pardonné. Depuis son départ et malgré la tendresse de grand-ma et de tante Cri, je me sens de plus en plus seule. De plus, je m'inquiète de son sort. Mes oncles m'ont dit qu'elle se trouve dans un camp où l'on a regroupé toutes les Anglaises. J'espère qu'elle pourra y boire du thé en discutant avec ses amies.

Et le temps a passé. Au cours de cet été 1941, à Bordeaux où nous nous rendons parfois, les Anglais continuent de bombarder la ville de nuit, mais ma chère nurse n'est plus là pour nous remonter le moral, comme elle savait si bien le faire. Le mien n'est pas fameux, car nous ne savons rien d'elle, si ce n'est qu'elle a changé de camp avec ses compatriotes ; elles se trouveraient, dit-on, à Vittel, où les anciens palaces, transformés en prison, leur serviraient de geôles. Ma tante Valentine, toujours dynamique, m'a convoquée l'autre jour.

« Ta nurse te manque ?

— Bien sûr, Auntie. Je m'inquiète surtout à l'idée de la savoir enfermée depuis si longtemps.

— J'ai cru comprendre qu'elle ne se portait pas trop mal, mais pourquoi ne pas nous en assurer par nous-mêmes ? » Je la regarde ébahie.

« Tu ne me croiras sans doute pas si je te dis que c'est possible. » Je demeure sans voix.

« Tu te souviens de l'ami d'Éric, François Chatel ?

— Certainement, il est très sympathique.

— Eh bien, nous allons nous arranger avec lui pour qu'il nous fasse pénétrer dans le camp.

— Mais enfin, comment voulez-vous qu'il fasse ?

— Son grand-père possède une terre à cheval sur la zone libre et la zone occupée, nous tâcherons de nous infiltrer par là et, une fois de l'autre côté, tout ira bien. N'oublie pas que ta carte d'identité est valable pour la zone occupée, aussi il nous sera facile de circuler sans attirer l'attention.

— Mais Auntie, cette carte est réservée aux Arcachonnais, ça ne marchera jamais pour Nancy.

— Nous mettrons notre pouce sur le nom de la ville, les cachets et l'aigle allemands sont les mêmes. »

Grand-ma, qui trouve une telle expédition aussi ridicule que dangereuse, commence par s'y opposer. Quant à moi, retrouver nurse à la barbe des Allemands comble mon goût du romanesque et du déraisonnable. Tante Cri cède devant mon regard suppliant et, en deux temps trois mouvements, la question est réglée. Ma tante, « officier des infirmières de l'air », a le don du commandement. Tout est programmé par elle avec minutie, et je respecte strictement la consigne : « Tu porteras ta jupe écossaise et ton calot, lorsqu'on veut passer inaperçu, il faut porter des vêtements voyants. » Elle respecte cet adage mieux que personne et, le jour du départ, je la vois arriver dans une cape rouge cardinal, coiffée d'un chapeau en feutre du même ton, les pieds équipés de chaussures tout aussi rouges, en feutre et bois, puisque le cuir est réservé aux seuls occupants.

C'est dans cet appareil que nous montons dans le train Bordeaux-Paris. Naturellement, il est bondé, et il nous faut deux jours pour arriver dans la capitale. Comme les places sont prises, ou réservées aux soldats, nous sommes obligées de dormir dans le couloir. Personnellement, cela m'est égal, je dors n'importe où et n'importe comment, mais il faut avouer que le passage continuel des gens se rendant aux toilettes, qui nous enjambent quand ils ne nous piétinent pas, est fort désagréable. Le matin nous trouve percluses de douleurs.

A Paris où nous débarquons sales à faire peur, nous attend Patrick. Je ne sais par quel subterfuge, les frères ont obtenu de la Gestapo la restitution de la rue Leroux – nous sommes à nouveau chez nous. Après avoir hébergé Philippe et sa femme, la maison abrite Patrick ainsi que Jean de Laborde, neveu d'oncle Dani. Ici, tout est pareil et tout est différent. Les meubles sont à leur place, excepté ceux de la chambre de mes parents transformée en salon. En me penchant par la fenêtre, je retrouve les vieux parfums. Les chevaux occupent toujours le manège, hélas ce ne sont plus les nôtres. Notre voisine, Mme Sanz Limantour, circule dans une petite voiture traînée par un poney qui me fait penser à Joy.

Le lendemain, nous partons avec Jean de Laborde dont la nurse, elle aussi, a été arrêtée, et se trouve dans le même camp que la mienne. Je ne sais si le fait d'être vêtues de rouge nous rend discrètes aux yeux de l'occupant, mais ce n'est pas le cas d'un homme qui, amusé par ce trio insolite, finit après plusieurs heures par engager la conversation et nous demande si nous nous rendons en zone occupée. Par prudence, nous lui répondons par un grognement. Comprenant le motif de notre mutisme, il nous dit : « Jusqu'à présent, tout le monde descendait à la gare de L. qui précède celle où a lieu le contrôle, mais les Allemands ont fini par comprendre et exercent maintenant leur vérification à L. même. Méfiez-vous ! » « Nous descendrons en même temps que vous », lui répond aussitôt ma tante, alors que François Chatel nous attend à L. avec son gazogène pour nous faire ensuite franchir la ligne de démarcation qui traverse la propriété de sa famille.

Débarqués sur le quai avec un flot de voyageurs, dans cette gare où les soldats allemands pullulent, nous nous demandons comment parcourir les trente kilomètres qui nous séparent de L. Sur ces entrefaites, ma tante qui, décidément, ne doute de rien et parle parfaitement l'allemand demande à un militaire la destination du convoi de troupes que l'on voit stationner sur l'autre quai.

« S'arrête-t-il à Nancy?
— *Ja, Ja.* »
Je la tire par la manche.
« Tu ne vas tout de même pas nous faire monter dans un train allemand.
— C'est exactement ce que je compte faire. Suivez-moi, et surtout pas un mot. »

Avec son autorité coutumière, elle s'assied dans le premier compartiment. De galants officiers à casquette et croix de fer nous aident à nous installer. Tandis qu'Auntie s'adresse à ses voisins dans l'allemand le plus pur et que le train s'ébranle, je me demande ce qui va se passer à L. En fait rien, pour la bonne raison que le train ne s'y arrête pas. Feignant l'affolement, ma tante bondit.

« Mon Dieu, nous ne nous arrêtons pas ici?
— Non, madame, le train est sans interruption jusqu'à Nancy.
— Vous voulez dire que nous sommes montés dans un convoi militaire. Comment allons-nous faire là-bas?
— Ne vous inquiétez pas, nous vous aiderons. »

Ainsi sommes-nous arrivés sans encombre à notre destination, escortés par un officier, et sans que personne ne nous demande quoi que ce soit!

Pendant ce temps Chatel, ne nous trouvant pas au rendez-vous fixé, était rentré chez lui, échafaudant les pires hypothèses. Après l'avoir prévenu par téléphone, nous le retrouvons le lendemain matin à l'hôtel où nous avons passé une nuit épouvantable. A Nancy, nous traversons la place Stanislas, défigurée par les croix gammées. Puis nous poursuivons notre route vers Vittel, non sans plusieurs haltes. Pour le conducteur d'un gazogène, l'inconvénient est qu'il doit s'arrêter régulièrement pour attiser à l'aide d'une barre de fer le feu contenu dans le fourneau accroché au flanc du véhicule avant d'y déverser un sac de charbon, opération dont il ressort passablement noirci.

Finalement, nous entrons dans Vittel vers onze heures et franchissons un premier contrôle. Le pouce fermement posé sur la mention « Arcachon » de notre *ausweis,* nous passons avec l'accord du factionnaire à qui nous demandons où se trouve le camp de prisonniers. Aux confins de la ville s'élèvent des palaces, anciennement luxueux, mais dont la guerre – c'est le moins qu'on puisse dire – a modifié le caractère. Entourés de rangées de fil de fer barbelé, garnis de miradors d'où les guetteurs surveillent les alentours, les bâtiments ont pris une apparence sinistre. Derrière ces remparts, le camp des Anglaises.

Ma tante, nullement déconcertée par ces lieux, descend de voiture et, s'adressant au garde, un vieux soldat grisonnant et boiteux, demande à parler au commandant. A ma grande surprise, aucune difficulté ne s'élève et, au bout d'une dizaine de minutes d'attente, on nous fait pénétrer dans une pièce dans laquelle, bientôt, un officier nous rejoint. A peine tante Valentine lui a-t-elle expliqué la raison de notre présence qu'un haut-parleur se met à rugir demandant la venue immédiate de Lizzie et Mary. La porte s'ouvre enfin devant nos nurses encadrées par deux soldats. Elle sont plus mortes que vives car, en général, une convocation aussi brutale est annonciatrice de mauvaises nouvelles. (Elles s'étaient réfugiées dans la chapelle où les Allemands avaient fini par les dénicher.) Dans le quart d'heure suivant, nous partageons des larmes de joie, des nouvelles, de menus cadeaux. Curieusement, les leurs sont plus intéressants que les nôtres, leur pays les ravitaillant en cigarettes et savons, denrées ayant disparu de notre ordinaire depuis longtemps. En m'embrassant, nurse me glisse dans l'oreille : « Surtout pas un mot. » Avant de nous séparer, l'officier dit à ma tante : « Allez déjeuner au restaurant du camp et ne parlez pas. » Nous comprenons que la Gestapo y a installé des micros, aussi échangeons-nous des banalités sur la bonne mine des prisonnières et la courtoisie du commandant.

Patrick, qui vit à Paris, vient nous voir à Bordeaux de plus en plus souvent. A ma grande joie, même s'il m'apparaît que grand-ma et moi ne sommes pas les seuls objets de son attention. J'ai fini en effet par comprendre qu'il éprouve un grand attachement pour mon ami Tita, ce qui n'est pas fait pour me surprendre. Pour finir, il m'a avoué son désir de l'épouser. Pour fêter l'événement, nous sommes allés dîner avec les fiancés chez oncle Dani, qui habite une maison sur le Boulevard, une demeure à l'anglaise en échelle de perroquet avec jardin. Comme nous circulons à bicyclette, il n'a pas été question de tenue de soirée, mais de ces larges robes à la mode en tissu imprimé. Le vrai raffinement, nous l'avons trouvé dans le décor de la table : nappe damassée, argenterie scintillante, cristaux et fleurs, vins fins s'harmonisant aux mets arrachés à la voracité de l'occupant, dont les huîtres sont le témoignage le plus heureux. Le couvre-feu, toujours omniprésent, ne nous permet pas de nous attarder, aussi, après la soirée, reprenons-nous la route à bicyclette, en compagnie d'Antoine, le frère d'Adélaïde.

Arrivés devant chez Tita, rue de la Course, une violente explosion se fait entendre. Il ne nous reste plus qu'une courte distance avant d'atteindre le 41 lorsque des marins de la Kriegsmarine surgis de l'ombre nous intiment l'ordre de mettre pied à terre. Armés jusqu'aux dents, ils semblent très énervés, s'interpellent à grands cris et nous poussent sans ménagement ni explication en direction du port. En marchant, notre groupe s'augmente de promeneurs nocturnes surpris par la rafle. Sur ces entrefaites, j'aperçois une porte entrouverte par où filtre la lumière et sur laquelle se détache la silhouette de Madeleine, la concierge. Nous sommes devant le 41. Toute à mon affolement, je n'y avais pas pris garde. C'est alors qu'une bourrade de Patrick m'envoie valser aux pieds de Madeleine qui, sans perdre une seconde, referme la porte sur moi.

« Et ma bicyclette ? dis-je un peu stupidement.

– Ne vous inquiétez pas, nous irons la récupérer lorsque le calme sera rétabli. L'essentiel est que vous soyez en sécurité. Un attentat vient de détruire la Bourse, les gens ramassés serviront peut-être d'otages. »

Je m'inquiète aussitôt pour Patrick et Antoine, demandant à Madeleine si je dois en parler à grand-ma. Celle-ci, qui, étonnée de ne pas nous voir rentrer, a fini par descendre et m'a trouvée en conciliabule avec Madeleine, met fin à mes hésitations.

« Élisabeth, où sont les garçons ?

– Les Allemands les ont emmenés.

– Comment se fait-il que tu sois là ? »

Madeleine raconte ce qu'il s'est passé – la présence d'esprit de Patrick, la sienne propre –, ajoutant qu'il n'y a pas à se faire de souci car elle en parlera au capitaine allemand qui vit sous notre toit. Je vois bien que cette idée ne plaît guère à ma grand-mère, mais son inquiétude est telle qu'elle serait prête à supplier le diable en personne. Et l'attente commence, une attente angoissante que tous les bruits ne font qu'aviver. Ils sont d'autant plus inquiétants qu'en période de couvre-feu le silence règne. Or, dans la rue, ce ne sont que commandements, cris, pas précipités, et il n'est pas plus de onze heures. « Madame devrait remonter au salon, dit Madeleine. Je préviendrai le capitaine dès son retour. » Lequel survient à ce moment précis, hochant la tête devant nos regards angoissés.

« Qui a arrêté ces jeunes gens ?
— Des marins, semble-t-il.
— Ils ont dû les conduire à la Kommandantur à cause de l'attentat. Je ne peux rien faire ce soir. Si la Gestapo ne s'en mêle pas, ils les relâcheront après vérification de leurs papiers. Demain, j'irai aux nouvelles.
— La Gestapo, mon Dieu, mais ils n'ont rien fait !
— C'est la guerre, madame, et les attentats se multiplient. La Gestapo est très nerveuse en ce moment. »

Ce « c'est la guerre », dont ma grand-mère m'avait dit en juin 1940 que j'allais souvent l'entendre, commence singulièrement à m'énerver parce que, en effet, je l'entends tout le temps dans la bouche des Allemands.

Nous avons regagné le salon bleu. Nous n'avons pas sommeil, grand-ma a sorti ses cartes et commence une patience, le feu s'éteint doucement dans la cheminée, le cartel sonne les heures, le froid m'engourdit — les membres autant que le cerveau. Dans mes pensées flotte le mot Gestapo. J'imagine déjà Patrick et Antoine martyrisés, torturés, sans possibilité de se défendre. Enfin, la lumière perce à travers les rideaux de damas bleu. Inlassables, les doigts de grand-ma placent et déplacent les cartes. Je sais que son esprit est ailleurs, mais ce bruit la rassure. La ville s'éveille. Nous entendons le ronflement du gazogène chargé de ramasser les poubelles, le floc que font les détritus en tombant dans le broyeur suivi du tintement des récipients de zinc rebondissant sur le trottoir, le cri de la marchande de poissons sur sa bicyclette : « Les royans, les bons royans. » La lourde porte de l'hôtel se fait entendre à son tour. Le capitaine ? Non, les garçons ! Nous entendons les exclamations de Madeleine, les voix fatiguées mais heureuses de ceux que nous attendons depuis la veille. Toute la nuit, ils ont été retenus dans un corridor sous la menace d'un soldat, mitraillette à la main. Ils ont été relâchés à l'aube après un bref interrogatoire.

Nous célébrons le mariage de Patrick, cérémonie simple et discrète, en présence de Bordelais venus à l'église fêter deux enfants du pays. Malgré ces temps de guerre, les usages antiques sont respectés. A commencer par la jonchée : devant la porte de la mariée un tombereau de fleurs fraîches et de feuilles vertes a été déversé. C'est une vieille coutume de notre pays qui signale aux passants le départ de la jeune femme vers son destin. Quant au trézain – treize pièces d'or remises par le fiancé à son futur beau-père en échange de sa fille –, il sera présenté au prêtre pendant la messe et bénit par lui en même temps que les alliances. Cela fait partie du folklore du Sud-Ouest et donne à nos cérémonies ce charme un peu païen et désuet qui leur est propre. Aux esprits forts qui en sourient, je dirais qu'ils ont tort : ces rites symbolisent l'attachement de deux êtres jusqu'à la mort ainsi que leur désir de mettre au monde des enfants qui, à leur tour, perpétueront la lignée.

Pour ma part, j'en suis venue à détester les mariages qui me rappellent trop les absents, les morts – et les prisonniers. Aujourd'hui, c'est le cas de Philippe qui s'est fait prendre au moment où il franchissait la ligne de démarcation sans autorisation. Il est vrai que cela n'a rien d'original. Pour un oui ou pour un non les gens dans la rue sont arrêtés, fouillés, interrogés et vont en prison, pêle-mêle, s'ils n'ont pas d'*ausweis*, s'ils ne portent pas l'étoile jaune alors qu'ils sont juifs, si leur tête ne revient pas aux feld-gendarmes ou s'ils se sont montrés irrespectueux. C'est ainsi qu'un des mes amis s'est retrouvé à Fresnes pour avoir seulement tiré la langue à un conducteur de camion allemand. Tout en me rendant à la réception, non sans traîner les pieds, je me demande ce que mon frère est allé faire dans cette galère. Nous en sommes au dessert lorsqu'une sorte de clochard fait son apparition. Interloqués, il nous faut quelque temps pour réaliser qu'il s'agit de Philippe qui, dès sa sortie de prison, a enfourché une bicyclette sans prendre le temps de se laver et de se raser pour ne pas rater le mariage. Après s'être changé, il nous raconte ses tribulations.

En zone occupée, la presse étant contrôlée par les Allemands, il souhaitait se rendre en zone libre – à Vichy précisément – afin de se rendre compte par lui-même de la situation. Sur les conseils d'un ami qui lui avait indiqué le nom d'un passeur, il alla à Orthez et franchit la ligne à vélo sans difficulté. A Vichy où il resta quinze jours chez une de nos tantes, il put constater que l'atmosphère était tout à fait irréelle. Le retour fut plus aventureux. Le passeur, recontacté, dut lui avouer qu'il avait été repéré si bien qu'il l'abandonna en chemin. Peu après, lorsqu'un officier de la feld-gendarmerie qui passait par là le héla, Philippe comprit qu'il n'allait pas échapper à l'arrestation. Dans la chambrée de la prison d'Orthez, il se retrouva en compagnie d'une vingtaine de personnes, dont quatre prêtres accusés d'avoir caché des Juifs, et dans des conditions sanitaires déplorables, tous rongés par les puces. Ils échangeaient des nouvelles avec l'extérieur au moyen d'une épuisette de plusieurs mètres de long qu'ils emplissaient de lettres et qu'ils présentaient à la fenêtre de la maison voisine. A la grande indignation de Philippe qui refusa tout net, au bout de sept jours, les Allemands lui offrirent de le relâcher contre trois mille francs. Voyant que ses compagnons, arrêtés pour des motifs plus graves que lui, acceptaient le chantage de l'ennemi et craignant de se retrouver tout seul, il finit par céder. Toujours généreux, il proposa en partant à deux des prisonniers – des réfractaires au STO – qui craignaient de se faire reprendre, d'aller se réfugier à Argeville.

Après le départ de Philippe et de ma tante pour Paris, grand-ma et moi nous nous sommes retrouvées seules dans cette grande maison vide. Les samedis et les dimanches, les Allemands donnent des fêtes – n'abritons-nous pas le mess des officiers de la Kriegsmarine ? Dans ces moments, je respecte strictement la consigne de ma grand-mère, je reste barricadée dans ma chambre. Ces réceptions sont de plus en plus bruyantes et désagréables à supporter. Des orchestres, installés dans la galerie, exécutent une musique criarde pendant que des soldats, déjà ivres, font flamber une sorte de punch qu'ils ont déversé dans les énormes pots de Chine garnissant la galerie. Un soir d'excès, ils ont jeté le clavecin par-dessus le balcon, il s'est écrasé sur le pavé au milieu des hourras. Heureusement, mon oncle Baba, alerté par des voisins, l'a fait ramasser et transporter chez l'ébéniste. Assurément, les Allemands sont de plus de plus agressifs ; les défaites qu'enfin, après Stalingrad, ils collectionnent sur le front russe et dont nous prenons connaissance par la BBC n'y sont sans doute pas pour rien.

En ville, il se passe parfois des événements auxquels il m'arrive d'assister et qui me laissent particulièrement mal à l'aise. Une fois par semaine je vais assister une femme paralysée : je lui épluche des pommes de terre et je range sa chambre. Pour me rendre chez elle, il me faut grimper dans le tramway qui stationne sur le port.

Il file tout droit jusqu'à la gare Saint-Jean dans un parfum d'ail et de transpiration ; le conducteur, toujours le même, m'a prise en amitié. L'autre jour, en cours de route, nous avons dû nous arrêter, des gens attroupés regardaient deux longues files de femmes, d'enfants et d'hommes qui barraient la route. Encadrés par des soldats allemands baïonnettes au canon, ils semblaient attendre une autorisation de pénétrer sur le quai où l'on voyait un convoi à l'arrêt. Les femmes criaient, les enfants pleuraient tandis que les hommes immobiles et silencieux attendaient un baluchon à la main. Je demeurai pétrifiée, saisie d'une sensation d'angoisse, semblable à celle qui m'étreignait lorsque, enfant, je me réveillais en hurlant de mon habituel cauchemar. Je sursautai quand mon ami le conducteur me dit d'une voix grave : « Il ne faut pas regarder cela, ma petite fille.
— Où vont tous ces gens ?
— C'est une rafle, ils vont les envoyer dans des camps spéciaux.
— Comment, même les bébés ?
— Ceux-là restent avec leurs mères, mais les hommes et les femmes voyagent séparément, c'est pour cela qu'ils crient. »

Où vont-ils, ces pauvres gens, encadrés, bousculés comme un troupeau ? Toute la journée, je revois ces figures hagardes, ces mains tendues. En sortant de chez ma paralytique, je me suis rendue chez mon ancienne nourrice, cours de la Somme, où son gendre et sa fille tiennent une pâtisserie. Toujours prête à me gâter, elle veut me donner un baba au rhum que je n'ai pas le courage d'accepter. Je lui raconte ce que j'ai vu.

« Tu as raison d'être chavirée. Les Allemands sont de plus en plus dangereux. Ils ont emmené des voisins, des Juifs, de braves gens, on ne les a plus revus, des amis ont voulu ranger leurs affaires, mais les soldats ont tout bouclé.

— Il y a longtemps ?
— Oh ! il y a bien un mois.
— Et depuis, tu es sans nouvelles ?
— Aucune. »

Ce qu'elle me dit me fait penser à Amaury de Kermoal qui faisait partie de mon petit groupe. On ne le voit plus, l'ont-ils arrêté lui aussi ? Pourtant il n'est pas juif. Le cœur gros, je suis rentrée chez moi. Que de cruauté, que de haine ! Mais il faut continuer à vivre comme si de rien n'était, puisque je ne peux rien faire.

X
Enfin, la fin

Cette période qui apparaît de plus en plus comme celle de la fin de la guerre, je la passe à Argeville où mes frères m'ont fait venir, décision approuvée par ma grand-mère qui estime que tenter des examens n'est pas une affaire de femme. J'avoue que ma paresse y trouve son compte ! C'est alors que nous apprenons la nouvelle du débarquement qui, jusqu'ici, n'était pour nous qu'une rumeur. Malgré la résistance acharnée des Allemands, les Américains ont pu prendre pied sur nos côtes non sans laisser sur le terrain des milliers de morts.

En attendant la suite des événements et la défaite de l'ennemi, nous passons le plus clair de notre temps à résoudre des problèmes de ravitaillement, et le jardinage occupe une place importante dans nos occupations. Nous consacrons les matinées à désherber, sarcler, nettoyer les allées, ce qui permet à nos amis réfractaires de s'occuper des carottes, poireaux, pois, asperges, artichauts. Pour améliorer notre ordinaire, je me suis mise à la pêche. Dieu merci, l'Essonne pullule de poissons qu'il est assez facile d'attraper à condition d'être patient, ce qui n'est pas mon fort. Mais de nécessité, il faut savoir faire vertu. Assise sur la berge, je regarde des heures le bouchon qui flotte au gré de la rivière. Par moments, il s'enfonce, l'alarme est donnée, je lâche le livre que je parcourais d'un œil distrait et me concentre sur le bout de liège qui danse au ras de l'eau. Des ronds se dessinent, le bouchon frétille, je retiens ma respiration, va-t-il plonger? oui, hourra! J'actionne le moulinet, d'abord lentement, plus plus vite à mesure que je sens la résistance du brochet qui enfin sort de l'eau et atterrit dans l'épuisette que je tends à bout de bras puis dans le panier qui l'attend. Lorsque une pièce particulièrement grosse surgit dans le réservoir formé par la vanne qui retient les eaux destinées à alimenter la roue du moulin, Philippe essaye de la tuer à l'arc, ce qui n'est pas une mince affaire puisqu'il lui faut tenir compte de la réfraction de l'eau et calculer le bon angle de tir.

L'autre jour, Solange Monod, la sœur d'un camarade de guerre de Philippe, est allée à bicyclette faire des courses à Malesherbes et, à son retour, est passée voir le garde Cabaret pour lui dire qu'elle avait vu quelque chose de bizarre au « pied de Sainte-Anne ». Le « pied de Sainte-Anne » est un lieu-dit au bord de l'Essonne où un rocher, près de la route, porte l'empreinte d'un pied de femme que la légende locale attribue à la Sainte Vierge apparue à des passants pour leur faire des révélations. Au Moyen Age, la population l'érigea en lieu de pèlerinage où se pressaient les jeunes filles désireuses de trouver un fiancé. A l'aller Solange a vu près du rocher deux pieds dépassant d'un buisson, ce qui n'avait rien d'extraordinaire, mais au retour ils étaient toujours là. Arrivé sur les lieux, Cabaret constate que c'est l'un de nos Espagnols, endormi. Comme il s'apprête à le secouer pour le réveiller, il remarque une flaque de sang sous la tête. L'homme est mort. Trois pas plus loin il en découvre un deuxième qui, lui aussi, a reçu une balle dans la nuque. Seul, le plus jeune, parti faire des courses, a échappé au massacre. Nous sommes tous bouleversés, moi particulièrement car je les aimais beaucoup et je me souviens des soirées que je passais avec nurse à les écouter chanter ou raconter des histoires de leur pays. Il a fallu les enterrer le plus discrètement possible. Quelle destinée ! avoir échappé à la mort au moment de la guerre civile pour finir exécutés dans leur terre d'asile par les occupants sur le point de fuir. Plus que jamais, je hais cette guerre imbécile.

Le vieil ami de mon père, le baron Parpaillon, est dans nos murs. Dans sa jeunesse, il a dû renoncer à sa vocation, la marine, à cause de sa mauvaise vue. Aujourd'hui, il est presque aveugle. D'humeur égale, il tire sur son éternelle bouffarde en évoquant ses souvenirs de jeunesse. Il rend service en s'occupant de la jument car il fut un excellent cavalier et les chevaux n'ont pas de secrets pour lui. Lui et moi sommes préposés aux courses, ce qui n'est pas de tout repos car, avec ses mauvais yeux, c'est un cycliste détestable. L'autre jour il a piqué une tête dans un ballot de lichen entreposé dans le garage. Nous écoutons les nouvelles à la radio. Les Allemands, furieux, car leurs affaires vont mal, ont coupé l'électricité au village. Nous avons le moulin qui produit la nôtre, aussi voyons-nous souvent arriver des voisins anxieux de savoir ce qui se passe. Des rumeurs rapportent que les Américains ont fait leur apparition non loin de chez nous. Les occupants deviennent de plus en plus nerveux, et il a été convenu que s'ils se montraient, les réfractaires iraient se cacher dans les bois en compagnie des gardes.

Soudain, nous voyons approcher des militaires dont l'uniforme nous est inconnu, ils portent des casques tout ronds enfoncés jusqu'aux oreilles, des treillis kaki et s'extirpent de drôles de voitures qu'ils appellent

Jeep. Ils parlent du nez dans un anglais rocailleux et nous demandent où se trouve l'ennemi. Philippe leur explique qu'ils ne doivent pas continuer tout droit sinon ils seront aisément repérables dans la plaine. Les Allemands sont à Malesherbes, bien décidés à défendre leur position. « Du reste, ajoute-t-il, je vais aller avec vous, nous passerons par les bois. » Avec son short clair et son béret, il est facilement reconnaissable. Pourvu que les gens du pays ne parlent pas, les Allemands seraient capables de venir ici et de mettre le feu au hameau en représailles.

Le soir même, au moment de nous coucher, de violentes explosions se font entendre, mes belles-sœurs, leurs bébés, les nourrices et moi allons nous réfugier dans le salon. Parpaillon, dont la chambre a vue sur la route, prétend avoir vu des balles traçantes et entendu son nom crié dans la nuit. C'est la pauvre Solange Monod qui, voulant se joindre à nous, a trouvé porte close. « Monsieur Parpaillot, ouvrez-moi ! » Elle s'obstine à l'appeler ainsi, peut-être parce qu'elle est protestante. Toujours est-il qu'elle nous raconte que des militaires entourent le mur extérieur de la Folie. Sont-ils allemands, anglais, américains ? Hélas, ils parlent allemand, ce qui n'a rien de rassurant. Les explosions se succèdent, accompagnées de cris gutturaux. En effet, les soldats cernent le hameau. Que veulent-ils ? Toujours au salon, nous avons éteint les lumières afin de ne pas attirer l'attention. Un feu agonisant éclaire les visages inquiets ; dans leurs berceaux, les bébés dorment. Nous décidons de réciter un chapelet pour apaiser notre angoisse. Les *Ave* sont repris en chœur dans la pénombre, prières ânonnées, monotones, et les voix se font presque inaudibles pour ne pas réveiller les enfants. Toute la nuit, nous redouterons une irruption des soldats dans notre demeure. Les explosions se poursuivent, qui nous semblent chaque fois plus proches et terrifiantes. Parfois la manœuvre d'une voiture dans le chemin nous fait sursauter. Les heures passent. Un rayon de lumière filtre à travers les rideaux. Il est cinq heures, le jour se lève. Les voix se sont tues, remplacées par un roulement de véhicules. Le bruit diminue et finit par s'éteindre. Les Allemands sont partis, tout simplement. Nous sortons et risquons un œil par-dessus le mur pour apercevoir un flot de fumée venant de l'Essonne, probablement les ponts qu'ils ont fait sauter dans leur fuite. Nos soucis ne sont pas terminés pour autant car nous entendons de nouvelles détonations. Les Américains se sont heurtés à un détachement de l'armée allemande retranché à Boigneville. Toute la journée, nous entendons le crépitement des mitraillettes. De temps en temps, des avions passent au-dessus de nos têtes : indifférents à ces escarmouches, ils vont plus loin se délester de leur chargement de bombes. Parfois un Spitfire, un Messerschmidt ou un Stuka se pourchassent, se croisant dans le ciel en un ballet avant de disparaître dans un sifflement qui nous fait rentrer la tête dans les épaules. A présent, c'est fini, le silence est retombé, seul un jeune soldat américain s'est fait tuer pour un pays qui n'est pas le sien, pour une cause à laquelle il ne comprenait pas grand-chose ; il repose sur une civière dans le cimetière où il sera mis en terre demain en attendant que sa famille le réclame, à moins qu'elle ne l'y oublie.

Après les combats, les Américains sont venus dîner à la maison. Patrick a remonté de la cave les meilleurs vins pour fêter nos libérateurs, et nous avons passsé une soirée mémorable avec ces jeunes hommes venus d'un peu partout et qui nous ont livré, mieux que la radio, des détails du débarquement. Nos invités sont heureux d'être dans une famille française parlant leur langue et goûtent l'ambiance cordiale qui y règne, mais le devoir les appelle et ils regagnent leur cantonnement sous la houlette du général qui pleure en évoquant ses souvenirs et sa famille de l'Oregon.

Le lendemain, nous allons faire les courses à Malesherbes où règne une grande agitation. Les magasins sont pavoisés de drapeaux français, anglais, américains tout délavés car déjà utilisés lors de l'armistice de 1918. En arrivant sur la place, je repère une estrade entourée d'hommes criant et gesticulant et sur laquelle se trouvent plusieurs femmes en larmes assises sur des chaises. Soudain, l'un d'eux l'escalade, brandissant des ciseaux et un rasoir, salué par les cris hystériques de mégères. Il saisit à pleine main la chevelure de l'une des femmes dont il sectionne les boucles à grands coups de ciseaux avant de parfaire son travail en passant le crâne dégarni au rasoir. Les autres malheureuses subissent le même sort. Pressée par la foule qui s'agglutine autour de moi, j'assiste horrifiée à ce spectacle dont je ne parviens pas à m'extraire. Je n'ai que du dégoût devant les relents de haine qui se dégagent de ces tricoteuses d'une nouvelle époque : ce sont les mêmes qui, pendant la Révolution, au pied de l'échafaud, jouissaient de la souffrance des condamnés. A mon voisin je demande ce que les ces femmes ont fait pour mériter un tel traitement. « Elles ont couché avec des Boches », me répond-il. En quoi cela nous regarde-t-il ? pensé-je. Enfin, les femmes sont libérées, non sans être contraintes de défiler sous les quolibets de la populace qui, bientôt, se disperse. Pour fêter le départ des Allemands, j'espérais mieux que ce règlement de comptes odieux exécuté par des imbéciles se prenant pour des héros alors que leurs principaux actes de résistance ont consisté à faire du marché noir.

Ce matin nous sommes allés au village. Devant une vitrine dégarnie, je contemple des chaussures en bois ;

les miennes, du même métal si j'ose dire, auraient bien besoin d'être changées, mais les autres sont si peu attrayantes que si je les achetais je perdrais au change ! Débouchant de la grand-route, un GI à moto vient de faire son apparition, qui se dirige sur moi en entamant la conversation. Je ne dis mot puisqu'on m'a toujours appris à ne pas parler à des inconnus. Il insiste, jusqu'à ce que retentisse un rire qui m'est familier. C'est Philippe. Les Américains, estimant qu'il aurait été dangereux pour lui d'être pris pour un franc-tireur, lui ont donné un uniforme. Pour moi, c'est un soulagement. Je craignais pour sa vie depuis son départ, évitant de m'inquiéter de son absence comme de spéculer sur son retour ainsi que je l'avais trop fait pour Édouard.

En rentrant à la maison, je croise le médecin venu nous vacciner. C'est paraît-il obligatoire, car on craint une épidémie de typhoïde. Alignés devant lui, moi, les nounous, les réfractaires, mes frères et leurs femmes attendons qu'il nous plante dans l'omoplate une aiguille redoutable assujettie à une seringue en ferraille qui nous expédie un vaccin contre la typhoïde, le tétanos et la diphtérie. Comme il n'a qu'une seule aiguille, il se contente de la plonger dans de l'alcool à 90 degrés entre chaque injection et, à Solange Monod, infirmière, qui lui fait remarquer que la faire bouillir serait préférable, il lance un laconique : « Que voulez-vous, ils ont l'air sains, et du reste je n'ai pas le temps. » Il est vrai que nous avons survécu...

Un mois environ après le départ définitif des Allemands, je vais passer quelques jours à Paris chez ma tante Jeanne, la sœur de papa. Selon l'usage, elle décide de m'emmener faire des visites, comme on disait alors, et de me présenter à ses amies, idée qui ne me paraît pas ennuyeuse, étant habituée à vivre avec ma grand-mère et trouvant les personnes âgées souvent plus intéressantes que les jeunes : ce sont en général des puits de science qui ne vous assomment pas avec les hauts faits de leurs bébés.

A tout seigneur, tout honneur, nous nous rendons chez la reine Amélie de Portugal, ce qui excite ma curiosité depuis le rendez-vous manqué de Bordeaux. Très grande, droite comme un I, la démarche lente, les gestes mesurés, son visage est avenant, même si elle n'est guère souriante. Elle propose à ma tante de nous emmener le lendemain à un concert chez Mme Mendel d'Écosse, étant convenu que j'aurai la mission de porter les fleurs qui lui seront offertes. Il y a beaucoup de monde dans le salon quand nous faisons notre entrée, et les révérences des dames, les saluts des messieurs me font penser à un roman de Marlitt. Dans cette assemblée de septuagénaires, après que le pianiste a salué sous un tonnerre d'applaudissements, je suis surprise, vu mon âge, d'être abordée par une dame qui me dit : « Mon enfant, je puis vous assurer que maman serait très heureuse de vous rencontrer. » Ainsi, la mère de cette personne d'un âge respectable est encore de ce monde ! C'est alors que ma tante me présente à la duchesse de Gramont, car c'est « elle », lui demandant des nouvelles de la comtesse Greffulhe. « Elle va fort bien, lui répond-elle, et sera, j'en suis certaine, enchantée de vous recevoir rue d'Astorg. »

Le surlendemain, nous nous rendons rue d'Astorg, moi dûment chapitrée par ma tante : « Vois-tu, la duchesse de Gramont est née Greffulhe. Sa mère est fille du prince Joseph de Chimay, un diplomate belge, et de Marie de Montesquiou, laquelle était l'arrière-petite-fille de la célèbre maman Quiou, la gouvernante du roi de Rome. La comtesse Greffulhe fut la reine de Paris à la fin du XIXe. Proust s'en est inspiré pour sa duchesse de Guermantes, tandis que Robert de

Montesquiou, son cousin, est considéré comme le modèle du baron de Charlus. Fauré lui a dédié des œuvres, et c'est à elle que Marie Curie dut son laboratoire. » Après avoir traversé la cour de l'hôtel particulier, nous sommes reçues par la dame de compagnie, Mme Gerbel, qui nous précède. Se déploie devant nous un immense salon au fond duquel se trouve une estrade surmontée d'un piano, celui-là même sur lequel Rubinstein jeune, entre autres, se soumit à l'examen de la comtesse, examen réussi puisque au terme d'une valse de Chopin étourdissante, celle-ci, s'étant enquise de l'identité de ce pianiste alors inconnu, s'approcha de lui pour lui susurrer à l'oreille qu'elle allait s'occuper de lui – ce qu'elle fit.

Aujourd'hui, ce salon désert qui porte l'empreinte de tant de gens illustres résonne sous nos pas, tandis qu'une sorte de potence soutient le plafond qui donne des signes de faiblesse. Le quittant, nous atteignons un deuxième salon au centre duquel se trouve une sorte de maison pouvant abriter deux personnes. La dame de compagnie nous explique que l'hôtel étant privé de chauffage, la comtesse, qui tient au décorum, a fait exécuter cette salle à manger miniature afin d'y recevoir des convives sans qu'ils n'attrapent une pneumonie. Sous la conduite de Mme Gerbel dont la déférence m'impressionne, nous pénétrons enfin dans un salon XVIIIe donnant sur la terrasse et le jardin de l'hôtel. Ghislaine de Caraman Chimay, la sœur de notre hôtesse, nous y attend. Son regard, tout à la fois perçant, malicieux et bienveillant, me toise – et me plaît. Elle et ma tante se mettent à parler politique, et je comprends à leurs dires le rôle important que la première joue auprès de la reine des Belges depuis de nombreuses années. Enfin, la porte s'ouvre sur celle que Ghislaine de Caraman Chimay appelle « ma sœur ».

Menue, élancée, le cou pris dans un nœud de gaze, la comtesse Greffulhe pénètre dans le salon avec la légèreté d'un papillon et, après les congratulations d'usage, se tourne vers moi : « Savez-vous, chère petite, que j'ai fort bien connu vos grands-parents. » Devant mon air surpris, elle me prend la main et raconte : « Pendant la Grande Guerre, j'avais décidé d'installer à Bordeaux un hôpital pour les soldats victimes de blessures graves. Où pouvais-je trouver un logement alors que le gouvernement occupait tous les hôtels convenables, sinon chez votre grand-père Guestier, dont j'avais fait la connaissance à Cowes à bord du bateau du roi d'Angleterre, lors des régates ? Comme je lui avais écrit, il me fit savoir que sa maison était à ma disposition. J'y allai en compagnie de mon frère, le prince de Chimay, chassé de son château par les Allemands, après que son fils se fut engagé dans l'armée belge. C'est ainsi que, sans crier gare, nous arrivâmes quai des Chartrons. Votre grand-père savait vivre, croyez-moi, nous fûmes accueillis par des hommes en livrée portant des torches sur chacune des marches de l'escalier. Le lendemain je téléphonai à l'ambassadeur de Belgique qui, lui, avait passé la nuit dans sa baignoire, et fut assez stupéfait au récit de l'accueil qui nous avait été réservé. » Enfin, la comtesse se lève, signifiant par là que l'audience est terminée, et je m'approche pour la saluer. Elle me dit alors : « J'espère vous revoir bientôt, je vous montrerai la Psyché héritée de mon aïeule, je suis certaine que cela vous intéressera. » Ma tante, à qui je demande plus tard de qui il s'agit, me répond : « Mme Tallien », dont j'aurai l'occasion de reparler dans la suite de ce récit.

De retour à Argeville après mon escapade parisienne, je suis montée à Falernes retrouver la maison miniature de mon enfance. Tout en cheminant, j'ai pensé aux temps anciens et j'ai pleuré. Les jours de chasse, maman, entourée des fusils, venait en ces lieux où les attendaient une tasse de thé, des crêpes faites par nurse et moi, un plateau de fruits, le tout servi sur une nappe multicolore. Le bataillon des poupées alignées sur la chaise longue en rotin contemplait les adultes attablés, les chiens fatigués se désaltéraient tout heureux d'être câlinés par la petite fille qui les aimait tant. C'était ensuite au tour de mon père et de mes frères de faire leur apparition.

Aujourd'hui, si la maison est toujours là, les lieux ont changé. La charmille qui l'entoure de ses bras protecteurs n'a pas été taillée depuis mon départ pour le Sud-Ouest, les fenêtres n'ont plus leurs rideaux à carreaux rouges et blancs, le champ de sarrasin planté pour attirer les faisans est en friche, les bacs à fleurs ont disparu. A l'intérieur, plus de poupées, plus de meubles, plus de fourneau sur lequel nous fabriquions gâteaux et biscuits. Soudain, le rire en cascade de Solange résonne à mes oreilles. Resurgi à l'évocation du passé, il me semble l'entendre comme autrefois lorsque nous étions heureux. J'ai eu beau me répéter cent fois : « Quand la guerre finira, la vie reprendra et je pourrai enfin rentrer chez moi », la guerre touche à sa fin, je suis chez moi, dans ce havre tant désiré, la vie continue, mais je m'aperçois qu'elle ne reprendra pas comme avant. En dépit de la tendresse de ceux qui m'entourent et que j'aime, je me sens très seule dans cet univers qui fut celui de mon enfance et qui n'est plus le mien.

J'ai repoussé le volet de Falernes qui battait tristement, j'ai essayé de le caler avec un morceau de bois; en partant, j'ai entendu qu'il continuait à battre dans le vide, un peu comme mon cœur.

XI

Je me marie

J'ai dix-huit ans, l'âge de me marier, comme me le dit ma tante Jeanne. Elle a probablement raison, mais pour ce faire il faut être deux et jusqu'ici je n'ai fait que côtoyer des hommes que j'ai toujours considérés comme des amis, ce qui, il faut bien le dire, m'a beaucoup simplifié la vie.

Ma tante a conseillé à mes frères de m'envoyer à Paris chez elle pour parfaire une éducation qui, sur le plan de la coquetterie, lui semble, à juste titre, avoir été négligée. Avec l'aide de ma belle-sœur Trixie, très élégante et qui a ses entrées chez les couturiers, on commence à me constituer une garde-robe convenable. Mes galoches en bois sont remplacées par d'exquises chaussures de chez Georgette à quoi s'ajoutent deux tailleurs, des robes légères et une visite chez le coiffeur Agg.

Puisqu'il faut bien que je m'occupe, ma tante me donne le choix entre la Croix-Rouge ou l'École du Louvre. Au Louvre que j'ai choisi, je côtoie une assemblée aussi disparate que possible : conservateurs, auditeurs libres, étudiants qui, comme moi, sont venus dans l'espoir d'obtenir le diplôme. Si les cours me passionnent, je suis encore plus attirée par Paris que je découvre. Lorsque je descends les Champs-Élysées à bicyclette, je suis grisée par l'air de fête qu'on y respire, par l'élégance des femmes – les demoiselles de magasin vêtues de jupes à fleurs, sac en bandoulière, semblent partir à la conquête du monde. Des voitures, point ou très peu, des croix gammées encore moins. Des soldats américains circulent à bord de leur Jeep et vous sifflent quand vous leur plaisez. Oui, il fait bon vivre à dix-huit ans dans ce Paris de la Libération redevenu lui-même.

Je n'en oublie pas pour autant ma grand-mère et mes tantes de Bordeaux, où je dois passer les vacances, d'autant que je viens d'apprendre le retour de nurse et que la ville, se souvenant de son passé, a décidé d'organiser une fête en l'honneur des Anglaises libérées. Comme elle a changé, nurse, ses cheveux sont blancs comme neige, ses dents sont tombées et elle boite. Elle me raconte sa captivité. Un soir, alors qu'elle devait atteindre son grabat au haut des lits superposés, elle a glissé et, s'étant rattrapée, sa jambe a accroché un montant du lit, de sorte qu'une écharde a pénétré jusqu'à l'os. Pour éviter la gangrène, il ne lui restait plus qu'à aller au lazaret où un médecin polonais s'est occupé d'elle, versant tous les jours du miel sur la plaie. Un médecin allemand venait régulièrement inspecter les progrès du traitement, mais sous son regard de myope derrière des lunettes épaisses, elle ne savait pas s'il supputait sa guérison ou sa mort. Pour finir, la jugeant suffisamment rétablie, il lui ordonna de vider les lieux, à quoi le médecin polonais s'opposa, disant que la blessure n'était pas assez refermée. Heureusement, il obtint gain de cause. C'est ainsi que, lorsqu'elle fut envoyée à Vittel – là où je lui avais rendu visite – avec les autres prisonnières où les conditions de vie étaient meilleures, elle était complètement guérie. Le nouveau camp était divisé en deux, d'un côté les Anglaises, de l'autre les femmes juives en attente de leur déportation en Allemagne. Un certain nombre d'entre elles tuaient leurs enfants car elles connaissaient leur destination et préféraient les savoir morts plutôt que martyrisés. Les Allemands, quant à eux, accueillaient des enfants de marins tuberculeux dans leurs lazarets installés au-dessus du camp des Anglaises. Comme ils furent vite débordés, ils demandèrent des volontaires et nurse accepta de les aider. « Baby, me dit-elle, il faut comprendre, c'étaient des enfants malades, loin des leurs. Il m'est arrivé de leur tenir la main quand ils crachaient leurs poumons, et ils me prenaient pour leur mère qu'ils réclamaient en mourant. » Je la regarde évoquant ses souvenirs et je me dis en moi-même que l'amour de certains êtres est incommensurable : elle s'était exposée à la maladie pour soigner les enfants de ceux qui l'opprimaient, simplement parce qu'ils étaient jeunes et malheureux. Le soir la fête a lieu au Grand Théâtre de Bordeaux. De vieilles demoiselles anglaises montent sur scène pour nous chanter des comptines de leur enfance. Elles sont touchantes avec leur voix cassée et leurs efforts pour nous faire partager leur joie d'être enfin libres, mais l'âge comme l'émotion les rendent à peu près inaudibles.

De retour à Paris, je retrouve mes frères, mes tantes et mes amies, surtout Hélène de Breteuil dont j'ai fait la connaissance il y a peu. Plus jeune que moi, elle est grande, blonde et, dès notre rencontre, la sympathie s'est établie entre nous. Elle habite un hôtel rue de Bellechasse où sa mère organise pour elle et sa sœur des dîners dans un véritable décor de conte de fées. Celle-ci, veuve de M. de Breteuil, a épousé en secondes noces le prince Chavchavadze, géorgien de naissance. Son goût est d'une sûreté absolue, mieux que personne elle pratique l'art de disposer les objets, de choisir les couleurs, d'harmoniser les tons. Les dîners du samedi réunissent toute une bande dont les plus assidus, outre moi-même, sont Nicolas de Vilmorin, Charles de Pourtalès, Charles de Ganay. Parfois la soirée se prolonge en musique – le prince est un concertiste réputé – ou bien c'est Hélène et Nicolas qui, au son de leurs guitares, font chanter à l'assistance des airs de negro spirituals ou des comptines françaises du XVIIIe siècle. Comme il fait bon, après avoir vécu les terribles années de la guerre, de reprendre une vie normale et heureuse.

Le dimanche nous allons à Breteuil non loin de Paris, où l'oncle d'Hélène, le marquis de Breteuil, vit avec sa femme et son fils. Hélène connaît bien cet endroit pour y avoir passé son enfance avec son père, frère cadet du marquis, et sa mère. Ils habitaient un des pavillons situés à gauche et à droite de la cour d'honneur. Édouard VII, lorsqu'il était prince de Galles, aimait venir chasser à Breteuil, et c'est là d'ailleurs qu'est née l'Entente cordiale. Quant à son petit-fils, le futur duc de Windsor, il avait été confié au marquis pour apprendre le français avec son fils Jacques. Il en gardait un souvenir ému et se plaisait à évoquer le répertoire argotique que son camarade lui avait enseigné ! A Breteuil, nous parcourons les salons, les boudoirs, les salles de réception éclairées par de hautes fenêtres à petits carreaux, non sans avoir admiré le célèbre lit garni de tapisseries tissées au Grand Siècle par les demoiselles de Saint-Cyr. Dans la gaieté et la bonne humeur, nous ouvrons dans l'orangerie nos paniers contenant les fruits dont la guerre nous a fait oublier l'existence, et nous nous sentons libres, heureux, prêts à partir à la conquête du monde et des promesses de la vie.

Notre bande se retrouve aussi à Verrières-le-Buisson, le fief des Vilmorin, où Nicolas, ses frères, ses sœurs et ses cousins s'en donnent à cœur joie dans la fantaisie. Sur ce point, ils ont de qui tenir. Quand leur tante Louise apparaît, on ne peut être que frappé par son charme, son allure, ses yeux perçants. Les cheveux coiffés en catogan, elle avance comme une frégate fendant les eaux, lançant à la cantonade des reparties aussi amusantes qu'inattendues.

Noël approche, et je vais retourner à Bordeaux passer quelque temps auprès de ma grand-mère que j'ai un peu négligée ces derniers temps. A présent, on ne me traite plus comme un bébé et j'ai même été invitée à une soirée dans les Landes par un ami de mes frères, Jacques D. Si une traversée de la forêt, où les pins se succèdent à l'infini, peut paraître monotone à certains, ce n'est pas mon cas. J'aime ces arbres, le soleil qui brille à travers la ramure, à leur pied les ajoncs, les fougères ; j'aime ce paysage, les senteurs de résine, les allées coupe-feu tracées comme pour briser cette uniformité. Les maisons que l'on croise appartiennent à d'anciennes familles dont l'existence s'est écoulée avec lenteur dans ce désert boisé, attentives à soigner ces arbres sur lesquels s'écoule une sève collante que recueillent des récipients en terre épousant la forme du tronc. En route, Jacques, avec qui je sympathise, me parle des chasses à la palombe, de l'élevage des poulains, de la manière dont on gave les oies pour le foie gras, et aussi de sa passion pour les livres d'art, pour la beauté sous toutes ses formes.

J'ai beaucoup dansé avec lui, après quoi, dans la douceur de l'air, nous avons flâné sur la terrasse jusqu'au petit matin. Après tout, me disais-je, le bonheur n'est peut-être pas plus compliqué que cela. A mon retour, j'ai fait le récit de la soirée à grand-ma qui m'a écoutée en souriant sans mot dire. Plus tard, j'ai reçu un bouquet de camélias blancs accompagné d'un mot charmant. Le lendemain, alors que je devais rentrer à Paris, mon cavalier m'a déposée à la gare, me confiant qu'il ne tarderait pas à venir me voir chez ma tante. Celle-ci, inquiète de me trouver si mince, s'est enquise de ma santé, avant de me demander d'un air soupçonneux si je n'avais pas des peines de cœur. « Ce serait plutôt le contraire », lui répondis-je en souriant. Devant son insistance, il me fallut être plus explicite, et il me sembla qu'elle ne partageait pas mon euphorie. Avait-elle des projets à mon sujet ? Quelques jours plus tard, j'eus la visite tant espérée de Jacques à qui ma tante réserva le meilleur accueil, le trouvant « charmant et très bien physiquement ». Tout semblait se passer au mieux ; malheureusement, il me fallut bien vite déchanter. On me fit de longs discours qui ne signifiaient pas grand-chose sauf que je devais quitter là mes espérances. Je m'inclinai et, en guise de compensation, on m'offrit un voyage au Portugal en compagnie de mon oncle qui devait s'y rendre pour voyage d'affaires !

Au cours du printemps 1945, mon frère et ma belle-sœur décidèrent de déménager et de s'installer île Saint-Louis, dans l'hôtel Lambert construit en 1640 par Le Vau pour le président Lambert de Thorigny. Devenu un pensionnat de jeunes filles, puis un dépôt militaire, il avait été acheté en 1842 par la princesse Czartoriska. Après maintes péripéties, il était tombé aux mains du comte Zamoisky qui préféra le louer en appartements, à condition que les locataires fassent des travaux de restauration sous la direction des Beaux-Arts – il est vrai que l'hôtel était en fort mauvais état comme en témoignaient les innombrables cuvettes et vases de nuit entreposés au grenier afin de recueillir les eaux de pluie. Le rez-de-chaussée donnant sur le jardin et sur la Seine étant déjà occupé par la duchesse de Sutherland, mon frère s'installa perpendiculairement à cette dernière.

Je me marie

J'ai souvent rêvé en traversant la fameuse galerie d'Hercule décorée par Lebrun et où Chopin joua, en découvrant la lanterne où habita Voltaire et en apprenant que sa maîtresse, la marquise du Châtelet, y vécut de nombreuses années en sa compagnie, elle que j'imaginais parcourant les salons en compagnie de son amant, avant qu'elle ne l'oublie lorsqu'elle l'abandonna au profit de Saint-Lambert.

A nouveau les vacances sont là et, avant d'atteindre Arcachon, je fais halte à Bordeaux où m'attend ma grand-mère. Je lui confie ma vie, mes heurs et mes malheurs, qu'elle écoute comme lorsque j'étais enfant, moi à ses pieds, elle sa main sur mon front. A la différence qu'aujourd'hui je suis grande, si bien qu'elle donne raison à ma tante, me disant qu'il est temps que je fonde un foyer, que l'être idéal n'existe pas, car le bonheur c'est en soi-même qu'on le porte. Grand-ma se tait, la pendule du salon continue à égrener les heures, le portrait du duc d'Orléans à veiller sur la table de damas bleu où la maîtresse de maison fait ses patiences. Les senteurs de l'été qui montent du pavé et la brise dans les marronniers m'incitent à la rêverie. Pourquoi quitter les rivages de notre enfance, courir au loin après des chimères et abandonner les êtres qui nous sont chers ?

Le lendemain à Arcachon chez ma tante Guestier, la femme d'oncle Dani, je retrouve nos navigateurs d'après la régate, le visage cramoisi par le soleil et les yeux où se reflètent les embruns. Oublieux des tracas de la mer, ils revivent les combats qu'ils ont menés contre elle, orgueilleux d'avoir pu la vaincre. Dehors, au-delà de la dune, nous contemplons le soleil se coucher dans un flamboiement triomphal. Mais des pas retentissent sur le perron : des Belges tombés en panne demandent à utiliser notre téléphone. En attendant l'arrivée du garagiste, le plus âgé de nos hôtes se met au piano, tandis que l'un d'eux, un garçon d'une vingtaine d'années, fume tranquillement dans un coin. Il a de beaux yeux, un sourire charmant et il s'appelle Élie de Caraman Chimay.

De retour à Paris après plusieurs semaines de vacances où j'avais eu souvent l'occasion de revoir Élie, je ne l'oubliai pas. Comme il est sympathique ce Caraman, me disais-je, avec son absence de prétention, sa façon de décrire ce château qui l'a vu naître et auquel il est tant attaché, les forêts giboyeuses qui l'entourent, les promenades en barque avec le garde-chasse. Il m'avait dit qu'il me ferait signe lors de son passage à Paris à l'automne, où il devait rendre visite, entre autres, à sa tante la comtesse Greffulhe.

Un beau jour en effet, il me téléphone et me demande de lui faire visiter Versailles qu'il ne connaît pas. Là, nous évoquons le souvenir de son aïeule, dame d'honneur de Marie-Antoinette, et visitons l'appartement qu'elle occupait au-dessus de celui de la reine et auquel elle laissa son nom, « l'attique Chimay », nous nous promenons dans les jardins de Le Nôtre, avant d'admirer l'orangerie et les écuries. Les jours suivants, nous courons tout Paris, les expositions, les musées, les concerts, et c'est avec appréhension que je vois le moment où ce garçon fou de musique, mûri par la guerre à laquelle il a participé, va devoir regagner la Belgique, mais à la fin, ce qui devait arriver arrive, et il me demande en mariage.

A tout seigneur, tout honneur, je devais ma première visite à ma future belle-mère. D'emblée elle me dit à ma grande surprise : « Je vous ai déjà vue gare du Nord à Paris, cachée derrière un pilier, un jour où je savais que mon fils devait arriver. » Si cet aveu ulcéra Élie, j'avoue en avoir ri longtemps ! Lors de cette première expédition, je n'eus guère l'occasion de voir le château, si ce n'est de l'extérieur, ma belle-mère l'ayant abandonné au profit d'une ancienne maison qui lui servait de garde-meubles, rue du Château, dans le village, où elle ne faisait que de brefs séjours, étant installée dans sa propriété du Périgord qu'elle avait commencé d'habiter à la mort de son mari, épouvantée par les dimensions de Chimay, par ailleurs en fort mauvais état. Je fis ainsi la connaissance des aïeux d'Élie grâce aux portraits sauvés lors de l'incendie de 1935. Plusieurs toiles m'apprirent que son arrière-grand-père Joseph, le Grand Prince, portant le costume d'ambassadeur du roi Léopold Ier, le premier roi des Belges, mesurait plus de deux mètres et que sa femme Émilie était aussi petite que lui était grand. Élie me fit admirer un petit piano sur lequel, me dit-il, Cherubini avait composé sa *Messe en fa*, puis une table de quatuor ayant appartenu à Auber, enfin un tableau de Gérard représentant une femme qui tout de suite attira mon attention. « Qui est-ce ? » lui demandai-je.

« C'est Thérésa de Chimay, plus connue sous le nom de Mme Tallien. Après avoir fait les ravages que tu sais, elle s'est assagie, a épousé en troisièmes noces en 1805 mon ancêtre, le comte de Caraman, futur prince de Chimay, et s'est installée ici dont elle n'a plus bougé jusqu'à sa mort en 1835. Elle n'y a pas laissé de mauvais souvenirs. Les gens du pays racontent que, lorsqu'elle se promenait sur les remparts, elle jetait des pièces d'or aux indigents, ce qui explique pourquoi le café de la rue Saint-Nicolas, au village, s'appelle *L'Écu d'or*. Quant à Joseph que tu vois là et que tout le monde dans le pays appelle le Grand Prince tant à cause de sa taille que de ses bienfaits, il était le fils de Mme Tallien. »

Je retrouvais ainsi Mme Tallien dont la comtesse Greffulhe m'avait déjà parlé ; j'ignorais alors que, bien plus tard, j'écrirais un livre sur elle [1].

---

1. *La Princesse des chimères*, Plon, 1994.

Ce jour-là, comme bien d'autres par la suite d'ailleurs, Élie me raconta plusieurs anecdotes sur son père mort en 1937. A la suite d'un mariage malheureux avec une belle et tumultueuse Américaine, Clara Ward, dont les exploits avaient défrayé la chronique, mon beau-père s'était retiré à Chimay. A cette époque, le scandale n'étant pas monnaie courante, il avait dû renoncer à la carrière politique à laquelle il se destinait. Sa femme avait quitté le pays (dans *A l'ombre des jeunes filles en fleurs*, Proust fait dire au baron de Charlus : « Ma cousine Clara de Chimay, qui a quitté son mari... ») non sans avoir donné le jour à une fille et à un fils, héritier du nom, lequel s'engagea en 1914. Fait prisonnier, il s'évada mais mourut à la fin de la guerre des suites de la tuberculose qu'il avait contractée en captivité. Le prince de Chimay, jugeant qu'il était de son devoir d'assurer sa descendance, épousa en secondes noces, à l'âge de soixante ans, Gilone Le Veneur de Tillières, issue d'une ancienne famille normande, union couronnée par la naissance de Joseph, mon beau-frère, et d'Élie, son cadet. Mon mari avait une véritable adoration pour ce vieux monsieur, plutôt grand-père que père, et dont la tendresse se manifestait particulièrement à son endroit. De plus, tous deux avaient le même amour pour Chimay.

Très lié avec ses sœurs Ghislaine et Geneviève, le prince fut préoccupé quand il apprit que son autre sœur, la comtesse Greffulhe, avait été hospitalisée pour une intervention chirurgicale. Aussitôt, il se précipita à Paris. A l'hôpital, une infirmière l'introduisit dans une chambre plongée dans la pénombre.

« Eh bien, Bébeth, qu'est-ce qui t'arrive ?
— Mon petit Jo, merci d'être venu, je vais mourir.
— Mourir, mourir, est-ce qu'on meurt ? regarde-moi. »

Ouvrant les volets pour faire pénétrer l'air et la lumière, l'aîné se dressa de toute sa hauteur au pied du lit. Interloquée, la pauvre tante pensa que tout compte fait elle n'allait peut-être pas trépasser et du coup demanda son petit déjeuner. Élie adorait cette anecdote et conseillait vivement cette thérapie pour réveiller les mourants. Il est vrai que le remède devait être efficace car la comtesse Greffulhe mourut bien des années plus tard sans avoir pu rendre le même service à son frère qui la précéda de beaucoup dans la tombe.

Mon beau-père était, paraît-il, sourd comme une trappe – il prétendait que la cause en était un coup de fusil déclenché tout contre ses oreilles –, aussi fut-il contrarié le jour où la tante Marthe Bibesco (elle avait épousé Georges Bibesco, fils de Valentine de Chimay, laquelle était la grand-tante d'Élie) lui apprit la visite de Paul Claudel. « Je n'aime guère recevoir, lui dit-il, j'entends mal et cela ne facilite pas les échanges avec les étrangers. » Sa femme, ravie de cette visite, ne tint pas compte de ces paroles. Le jour venu, Marthe Bibesco arriva en premier, suivie par la voiture du grand homme que, sur le perron, le prince s'apprêtait à recevoir. Descendu de l'auto, il fallut se rendre à l'évidence, Claudel était encore plus sourd, si bien qu'il s'ensuivit un dialogue insensé, les deux hommes hurlant à tue-tête des phrases incompréhensibles par chacun d'eux, écoutées par le petit Élie hilare caché derrière un rhododendron.

Mon beau-père aimait beaucoup Anna de Noailles, la sœur de sa belle-sœur Hélène Brancovan qui avait épousé son frère Alexandre. Le fils d'Anna, Anne Jules, passait souvent des vacances à Chimay. Un jour, Anna demanda au prince de l'emmener faire une promenade en voiture. A son retour, elle s'enferma dans sa chambre pour écrire un poème, « La Petite Ville », qui décrit excellemment Chimay. Le Tout-Paris s'extasia et, à son arrivée au Jockey, mon beau-père fut félicité pour avoir permis la naissance de ce chef-d'œuvre. « Je ne sais pas comment elle a pu écrire quoi que ce soit, répondit-il, elle a dormi tout le temps ! » Quant à Hélène de Chimay, n'oublions pas qu'elle était la meilleure amie de Proust.

Après cette entrée en matière, ne restait plus qu'à attendre le verdict familial concernant le mariage. Les tantes d'Élie se montrèrent satisfaites de son choix – il est vrai qu'il était beaucoup plus attaché à Chimay que son frère Joseph, parti vivre aux États-Unis, et que cette union était le gage de son enracinement dans la région. Bref, force correspondance fut échangée au sujet de ma modeste personne, l'une des tantes écrivant par exemple : « Bien que n'étant pas très jolie, Élisabeth a l'air bien élevée », ce en quoi elle se faisait des illusions ! Puis la présentation à la reine mère Élisabeth, au cours d'un déjeuner organisé à Laeken. De nouveau, les tantes me firent passer l'examen, craignant sans doute la gaucherie de la petite provinciale que j'étais. Le Palais, apprenant la présence à Bruxelles de Jean de Chimay, cousin d'Élie, l'avait également convié, mais il s'était excusé, arguant du fait qu'il n'avait rien d'autre à se mettre qu'un costume prince de Galles. On lui répondit de venir quand même, ce qui était une entorse aux usages. Sur ce, arrivés au premier étage du palais, nous fûmes installés dans un salon dont la porte s'ouvrit pour laisser entrer un personnage en prince de Galles qui, s'adressant à Jean, lui dit : « Suis-je bien ainsi ? » C'était le frère de la reine...

A l'époque, celle-ci devait avoir soixante-dix ans, mais sa verdeur, sa vivacité faisaient qu'on ne les lui donnait pas. Fille de Charles Théodore de Bavière, nièce de Sissi, elle avait épousé en 1900 le prince Albert à qui elle avait donné l'année suivante un fils, le futur Léopold III. Elle était donc la grand-mère de Baudouin. A la mort de Léopold II en 1909, Albert Ier monta sur le trône, et elle devint reine des Belges. C'était une personnalité extraordinaire que François-Joseph appelait « petit chameau aux cheveux ras ». Au moment de la guerre de 1914, elle avait su conquérir l'affection inébranlable de ses sujets par son engagement aux côtés des soldats qu'elle visitait dans les tranchées (« Je suis si petite, disait-elle, ils ne me verront pas ») et auxquels elle distribuait des cadeaux au moment de Noël. Parlant six langues, voyageuse infatigable, excellente violoniste – elle créa le célèbre concours international Reine-Élisabeth dont, après sa mort, la reine Fabiola sera la marraine –, elle se retrouva veuve en 1934, à la suite du décès accidentel de son mari. Dès lors, elle se consacra à l'éducation de ses petits-enfants, en particulier celle de Baudouin. Celle que son peuple surnommait Betsy mourut dans l'affection générale en 1965, à quatre-vingt-neuf ans.

Le samedi suivant, nous allâmes rendre visite à tante Élisabeth, la comtesse Greffulhe, qui villégiaturait au Trianon Palace de Versailles avec sa dame de compagnie, Mme Gerbel. Notre voiture étant en panne, mon frère Patrick nous avait prêté sa Simca. La comtesse nous accueillit avec sa grâce coutumière et nous proposa d'aller voir un de ses amis, Warington Dawson, qui habitait Versailles et dont il avait été promu, Dieu sait pourquoi, citoyen d'honneur. Pour Élie, il n'était pas question de la promener dans une voiture aussi minuscule, d'autant plus qu'il ne voyait pas comment elle pourrait y entrer avec son chapeau. Devant l'auto, la comtesse s'extasia et, passant outre aux réticences de son neveu, elle donna l'ordre de l'embarquement. Comment avons-nous réussi à y pénétrer tous les quatre, sans compter l'immense chapeau de paille de tante Élisabeth ? je me pose encore la question. Toujours est-il que le trajet, bref heureusement, se fit sans encombre, ponctué par les objurgations de « Bébeth » à sa dame de compagnie : « Madame Gerbel, cette voiture est exactement ce qu'il nous faut. Quand donc allez-vous passer votre permis ? » Et la pauvre Mme Gerbel, qui ne se voyait pas conduire cette voiture – ni aucune autre d'ailleurs – opinant du chef : « Oui, oui, ma comtesse. » (Elle l'appelait toujours « ma » comtesse.)

Mr Dawson nous reçut dans son salon, assis sur une sorte de trône en bois doré, vêtu d'un péplum romain, chaussé de sandales à lanières et protégé de ses invités par une balustrade, semblable à celle que l'on peut voir à Versailles dans la chambre du roi. J'étais là dans le monde de la comtesse Greffulhe, peuplé d'originaux, dont l'extravagance était pour elle la chose la plus naturelle au monde. Jean de Chimay, à qui j'en parlai, ne parut pas surpris : « Tante Bébeth a eu toute sa vie le chic pour dénicher des personnages insensés, allant des savants comme Branly ou Marie Curie, jusqu'aux excentriques comme ton Mr Dawson, en passant par les Ballets russes, sans compter de pauvres hères sans intérêt aucun. Au demeurant, c'est ce qui faisait le charme de son salon et sa réputation. »

Enfin vint le mariage, un 18 décembre glacial, à Saint-Honoré-d'Eylau. J'avais revêtu un chandail en laine sous ma robe de mariée, ce qui fit hurler d'indignation ma belle-sœur Trixie, qui jugeait inacceptable cette entorse à l'élégance. Mon frère Philippe me conduisit à l'autel (non sans m'avoir fortement recommandé de baisser les yeux pendant le trajet) où mon mari m'attendait. Évoquant ces souvenirs lointains, maintenant que mon cher

Élie est mort, je ne peux m'empêcher de penser : Dieu que nous étions laids ! Si notre tenue était celle de tout marié se respectant, que dire de notre visage, après l'accident d'auto que nous avions eu huit jours plus tôt ? Le tube du gazogène qui se trouvait sur le toit d'une voiture venant en sens inverse s'étant dessoudé, tomba sur le capot. Ma tête, transformée en bouchon de radiateur, m'avait interdit d'aller chez le coiffeur, et mes cheveux étaient dans un tel état qu'il fut impossible de leur faire revêtir le voile de dentelle prévu pour la circonstance. Pour cacher le désastre, on me fabriqua à la hâte chez Reboux un bonnet comme en portent les enfants de cinq ans et qui leur va aussi bien qu'aux filles de vingt ans... Quant à mon mari dont la mâchoire était solide, il s'en était servi précisément pour casser le volant de l'auto, ce qui laissa peut-être penser à certains qu'il s'était battu avec un prétendant évincé. C'est du moins ce que mes frères, jamais à court de plaisanteries, lui dirent.

J'appris plus tard de la bouche d'Élie qu'il avait failli manquer la cérémonie. Tante Élisabeth l'avait accueilli rue d'Astorg où, avant de s'endormir dans le lit de camp du général de Montesquiou, le fils de maman Quiou, Anatole, qui fut aide de camp de l'Empereur, il avait reçu sa visite en tenue de nuit – bonnet et mitaines. Devant lui, elle évoqua pêle-mêle ses souvenirs, Wagner et les Ballets russes qu'elle imposa au Tout-Paris, Pasteur qu'elle aida, le laboratoire qu'elle obtint pour Marie Curie, la ligne téléphonique, une des premières à Paris, qu'elle fit installer entre la rue d'Astorg et l'hôtel de ses parents, quai Malaquais. En la regardant, Élie songeait qu'elle ressemblait étrangement à leur aïeule, Mme Tallien, qui, après avoir vécu la Révolution, le Directoire et l'Empire, s'enthousiasmait pour une voiture importée d'Angleterre, « roulant toute seule », et qu'elle essayait en 1833 dans le parc de Chimay. Lorsqu'il tenta de la faire parler de Proust qui l'avait prise comme modèle de la princesse de Guermantes, elle se contenta de sourire et dit simplement : « Il était surtout un ami de mon gendre Guiche. » Enfin, brandissant un morceau de plastique, elle lui lança : « Vois-tu, mon petit, l'avenir est là. » La conversation s'étant prolongée jusqu'au petit matin et Élie s'étant assoupi après cela, il n'eut que le temps de sauter dans une voiture afin d'arriver à l'heure à son propre mariage.

XII

Les Chimay et Chimay

Après le voyage de noces, nous nous installâmes à Bruxelles dans un appartement loué, solution provisoire puisque toutes nos pensées allaient à Chimay. Notre ressource était la tante Ghislaine qui habitait un hôtel particulier chaussée d'Ixelles. On accédait à l'étage par un escalier de marbre monumental où une suite de pièces décorées de souvenirs de famille conduisait à sa chambre. Le buste du roi de Rome, juché sur le bureau à cylindre du général de Montesquiou, accueillait les visiteurs, tandis que la layette du petit prince figurait dans une vitrine décorée d'abeilles.

Tante Ghislaine, sœur cadette de mon beau-père, professait un véritable culte pour la reine Élisabeth, au service de laquelle elle entra jeune et qu'elle suivit sans discontinuer jusqu'à sa mort survenue alors qu'elle avait plus de quatre-vingts ans. Moins belle que sa sœur la comtesse Greffulhe, elle avait un esprit pointu et le don des reparties aussi inattendues qu'amusantes. Elle ne s'était jamais mariée, bien qu'ayant éprouvé un vif sentiment pour un homme dont l'amitié ne se départit jamais à son endroit. Ainsi resta-t-elle célibataire, non sans adorer les enfants des autres qui le lui rendaient bien. En 1914, lorsque les Allemands envahirent la

Belgique, le roi Albert, la reine et les princes se réfugièrent à La Panne, où tante Ghislaine les suivit. Les pastels qu'elle exécuta lors de ce séjour donnent à celui qui les contemple un bon aperçu de la vie quotidienne en ces années de guerre. Il est vrai que tante Guigui avait hérité de ses parents des dons artistiques réels, ce qui lui permit d'accueillir dans son salon peintres et musiciens, sans compter les dignitaires de la Cour et les académiciens.

Parmi ces derniers, le plus fidèle était l'historien Carlo Bronne. Il avait écrit une série de livres sur la dynastie qui lui avait valu le prix de la langue française décerné par l'Académie française, et dans lesquels je me plongeai avec délices. Je fis sa connaissance et sympatisai vite avec lui. Il me raconta que le jour de sa réception à l'Académie, après les compliments d'usage d'amis et d'anonymes, il vit tante Guigui se présenter devant lui et lui lancer d'un air narquois : « Eh bien, mon cher, vous voilà délivré d'une ambition ! »

Peu à peu, je découvrais le pays qui allait devenir le mien, la drôlerie des habitants de Chimay, leur goût pour la musique et la fête qui me faisaient penser aux Bordelais – des gens exceptionnels. On a chanté le plat pays, les beautés de la côte, la petite Suisse, mais peu de poètes se sont penchés sur la description des Fagnes, cette région des Ardennes belges, sur son passé, la beauté des forêts, le charme des terres, des marais qui font d'elle le cadre d'un des hauts lieux de l'histoire de la Belgique. Les Fagnes, dont Chimay est la capitale, figurent dans le dictionnaire sous la rubrique « marais bourbeux ». Depuis plus de cinquante ans, je parcours nos forêts aux arbres centenaires, nos prés où paissent les blanc-bleus, cette race de bœufs qui fait l'envie de nos voisins, les lacs à l'eau dormante, les rivières fourmillant d'écrevisses où les truites saumonées viennent s'ébattre. Voilà notre région oubliée, méprisée car les usines polluantes de l'industrie n'y sont pas représentées. Ici viennent se réfugier les âmes romantiques désireuses de trouver dans cette solitude la paix, le repos, l'harmonie.

En son temps, le Grand Prince, grâce à sa fortune, avait rendu à la région un service de premier ordre. En effet, au XIXe siècle, les forges, qui faisaient la richesse locale, avaient disparu, laissant la population dans un état de pauvreté relative. Après avoir essayé de pallier ce manque par des tentatives infructueuses de reconversion, le prince eut l'idée de faire venir des moines et de les installer sur ses terres. Lesquels, après un démarrage difficile, et grâce à l'eau de Scourmont, proche de la source de l'Oise, finirent par produire une bière excellente, la Trappiste. Au XXe siècle, la réussite de celle-ci fut due à Dom Gueric, le père prieur, qui prit la direction du monastère alors qu'il avait une trentaine d'années. Devenu père abbé, il s'est révélé un excellent homme d'affaires et a su rendre au pays sa prospérité. Je l'ai bien connu avant qu'il ne prenne sa retraite. Après quoi, il partit pour le Zaïre soulager la misère avant de revenir finir ses jours à Chimay.

La petite ville de Chimay, je le découvris vite, est calme et reposante. Sur la place, une fontaine décorée de statues représentant la famille déverse par la gueule d'un lion une eau claire. Non loin, le lavoir, lieu d'un haut fait légendaire. En 1622, les troupes du mercenaire allemand Ernst von Mansfeld tentèrent de s'infiltrer dans Chimay. Comme un bras de rivière souterraine passe sous le mur d'enceinte de la ville et voyant de la lumière au bout du tunnel, un soldat s'y glissa et fut accueilli à son extrémité par des Chimaciennes qui l'assommèrent à coups de battoir avant d'extraire son corps du boyau. Six de ses congénères subirent le même sort, après quoi, en signe de victoire, les villageoises formèrent une ronde. Leur danse, aujourd'hui encore pratiquée, porte le nom de danse des sept sots ou des sept sauts. Au fond de la rue du Château fermée par une grille en bois sommée de becs à gaz à couronnes, on découvre une cour d'entrée. Lors d'une cérémonie qui avait précédé notre mariage, ma belle-mère, qui aimait les fêtes, avait fait planter un tilleul à l'emplacement d'un des quatre arbres plantés pour le baptême de Charles Quint, dont le prince de Chimay de l'époque était le parrain. En cortège, suivant l'usage, précédés par la musique de la fanfare royale des Loupards, nous avions circulé dans la ville pour finir par nous grouper autour de l'arbre en question. Après les discours habituels, était venue la bénédiction du clergé, suivie d'un banquet. Il n'en demeurait pas moins que, dans le parc du château, l'herbe folle atteignait les genoux, que les buissons envahisaient le paysage et qu'une famille de poules avait élu domicile dans les ruines d'un bâtiment appelé la « Maison des décors » où quelques tableaux échappés de l'incendie de 1935 avaient trouvé refuge. Je m'y promenai tant bien que mal et, au détour d'une allée, je tombai sur un banc de pierre auprès duquel s'épanouissait un rhododendron blanc. Il avait résisté à tout, ce qui me sembla un présage de bon augure.

Le château, véritable forteresse, domine le village du haut de son rocher, relié à une étendue enclose de murs par une rampe au bas de laquelle s'écoule la rivière, l'Eau Blanche, dont les méandres suivent l'allée bordée d'arbres séculaires qui traverse le parc auquel on accède par une grille monumentale et à l'entrée duquel s'élèvent deux pavillons – porte de Mons, porte de Vireilles – construits en 1810 par Mme Tallien. Thérésa avait conservé de sa jeunesse vécue dans les palais du Luxembourg et de Grosbois le goût du luxe etde la beauté et, bien qu'elle se plaignît de l'exiguïté de ces constructions, celles-ci n'en étaient pas moins de gracieuses maisonnettes à colonnes ayant tout du Directoire. Sur la butte, une chapelle, avec en son centre une gigantesque statue de la Vierge, appelée Notre-Dame des Sept Douleurs édifée par Émilie de Pellapra, la belle-fille de Thérésa. Les gens du pays, amateurs de légendes, me racontèrent que la statue enfermait les bijoux d'Émilie. Pour d'autres, plus raisonnables, le cœur de la Vierge contiendrait seulement l'alliance que celle-ci aurait fait sceller avant de quitter définitivement Chimay pour se retirer dans son château de Ménars, près de Blois, où elle mourut en 1871.

Malgré tout le respect que je dois à Mme Tallien, et même si elle a marqué les lieux de son empreinte, la vérité m'oblige à dire que l'histoire de Chimay lui est bien antérieure. Au XIIe siècle, le donjon du château succédait déjà à une première construction dont les chroniques disent qu'elle veillait sur la vallée de l'Eau-Blanche en l'an 1 000. Appuyé à ce dernier, s'élève l'édifice actuel qui abrite la famille.

Dès l'origine, Chimay fut voué à une destination militaire, ce qui lui valut d'être incendié huit fois. Son véritable essor date des Croÿ, favoris des ducs de Bourgogne. En 1473, Charles le Téméraire érige la terre en comté en faveur de Jean de Croÿ, et c'est pour le fils de ce dernier, Charles, que le futur empereur germanique, Maximilien Ier, le jour où il est couronné roi des Romains à Aix-la-Chapelle, en avril 1486, transforme le comté en principauté. Charles avait épousé Louise d'Albret, dont il eut un fils, Philippe. Cette dernière, pour être la sœur du roi de Navarre était la tante du futur Henri IV. En 1500, Philippe le Beau, le fils de Maximilien, archiduc d'Autriche et roi de Castille, avec la grande duchesse de Bourgogne veuve du Téméraire, vient à Chimay assister au baptême du même Philippe, leur filleul, né la même année que Charles Quint, fils de Philippe le Beau et de son épouse Jeanne la Folle, elle-même fille de Ferdinand V d'Aragon et d'Isabelle Ire de Castille. L'enfant ne survécut pas. Après quoi, Louise mit au monde une fille, Anne, cousine de Henri IV, laquelle épouse un Croÿ de la branche aînée, lui aussi dénommé Philippe, à qui elle apporte le titre et la terre.

Leur fils Charles, amoureux de Chimay comme ses parents, y amène son épouse Louise de Lorraine ; tous deux ont l'honneur d'accueillir Charles Quint et son fils Philippe II. Au demeurant, la visite ne dura guère car, ainsi que le dit le petit panetier de l'empereur, « Chimay est un trou mal foutu ». Les chroniqueurs nous disent cependant que les souverains « soupèrent et logèrent au château ». Quoi qu'il en soit, en souvenir de leur passage, ils laissèrent des dons que la famille et la ville ont conservés : au prince une aiguière et une cuvette en argent ; à la Collégiale une croix.

Au début du XVIIe siècle, Philippe, duc d'Arschot, offre Chimay à son fils Charles III de Croÿ comme cadeau de mariage. Étrange personnage que ce Charles. Marié très jeune à Marie de Brimeu, de dix ans plus âgée, il va, au cours des trois années de leur vie commune, changer de religion – il se fait protestant –, se brouiller avec les siens, enfin quitter le château que son père lui a remis de son vivant. C'est à Sedan qu'il se rend, dans le fief des ducs de Bouillon, repaire de l'hérésie, et il se plaît dans ce milieu austère et cultivé. Mais nouveau revirement après la mort de sa femme : il réintègre le giron de l'Église catholique. En 1605, il se remarie avec sa très jeune cousine, Dorothée de Croÿ, pour qui il va transformer Chimay en palais. Il dote alors la forteresse de six tours reliées par des galeries formant une cour fermée, sur laquelle donne un corps de bâtiment servant de résidence à la famille. (Par la suite, quatre d'entre elles disparurent au cours des guerres.) Au centre, un puits de quarante-cinq mètres de profondeur. Le tout a un air militaire et revêche que dément la décoration intérieure, artistes italiens, flamands et français s'étant surpassés pour créer un décor digne des propriétaires.

Charles meurt en 1625, sans postérité, si bien que, par sa sœur Anne, la principauté passe au fils de celle-ci, Alexandre de Ligne-Arenberg, puis, encore une fois par les femmes, aux Alsace-Hénin-Liétard, trois frères dont la mère, née Beauvau-Craon, est originaire du château d'Haroué près de Nancy. Le premier des frères, Thomas, prince de Chimay, qui a épousé en 1754 Madeleine Le Pelletier de Saint-Fargeau, dame d'honneur de Mesdames de France, est tué à la bataille de Minden sous les ordres du maréchal de Contades. Philippe, le suivant, reprend le titre et épouse Laure de Fitz-James, dame d'honneur de Marie-Antoinette, tandis que le dernier se marie avec Étiennette de Mauconseil. Tous trois meurent sans postérité – l'un à la guerre comme je l'ai dit, l'autre sur l'échafaud, le troisième dans son lit.

Leur sœur, Anne-Gabrielle, prend pour époux Victor-Maurice, marquis de Caraman et gouverneur du Languedoc. Ce dernier descend de Pierre-Paul Riquet qui, sous Louis XIV, s'est ruiné en construisant le canal du Midi. Pour le remercier, le roi lui a donné le titre de baron de Bon Repos et à son fils la terre de Caraman, près de Toulouse, à laquelle est lié un titre comtal. A l'origine, ces Caraman sont des Italiens portant le nom patronymique Arighetti. Chassés de Florence lors des conflits entre guelfes et gibelins, ils ont trouvé refuge dans le Midi de la France où ils ont fait souche. Grâce, ou à cause de l'accent de la région, leur nom s'est transformé en Riquetti, d'où la branche des Mirabeau, et en Riquet, d'où celle des Caraman.

Anne-Gabrielle, en épousant Victor-Maurice de Caraman, lui a transmis le titre princier et la terre de Chimay. Leur fils, François Riquet, comte de Caraman d'Alsace, chevalier de l'ordre de Saint-Jean de Jérusalem, grand-croix de l'ordre royal de l'Étoile polaire de Suède, grand chambellan du roi de Hollande, épouse en 1805 Mme Tallien, union dont est issu le Grand Prince, déjà évoqué, né en 1808, notamment grand d'Espagne de première classe, grand cordon de l'ordre de Léopold de Belgique, chevalier de première classe de l'ordre de Pie IX, ministre plénipotentiaire de Sa Majesté le roi des Belges près de Sa Majesté le roi des Pays-Bas et gouverneur de la province du Luxembourg. De son mariage avec Émilie de Pellapra, il a pour enfant Joseph, prince de Chimay, gouverneur de la province de Hainaut, membre de la chambre des représentants, ministre des Affaires étrangères et membre d'un nombre impressionnant d'ordres européens. Son fils, mon beau-père, lui aussi dénommé Joseph, par son deuxième mariage avec Gilone Le Veneur de Tillières, donne le jour à Joseph et à Élie, mon mari.

Il est temps maintenant de parler du château proprement dit et de son état lorsque je le visitai pour la première fois. L'incendie de 1935, dû à un feu de cheminée, avait entièrement ravagé les étages, laissant le rez-de-chaussée à peu près intact, sauf le grand salon. Celui-ci avait été consacré à la gloire de Riquet, créateur du canal du Midi. Le peintre Mazerolles avait exécuté au plafond une toile allégorique où l'on voyait les flots verts de l'Océan se mêler aux eaux bleues de la Méditerranée. Aux angles des médaillons rappelaient des épisodes de la vie de Riquet, tandis que le soleil de Louis XIV rayonnait sur l'ensemble. Enfin, le buste de

Riquet, exécuté par Van der Kerkhove, trônait au-dessus de la cheminée à côté de celui du Grand Prince.

Devant ce désastre, mon beau-père consterné contemplait les ruines pendant que ma belle-mère s'écriait : « Maintenant, on reconstruit. » Si bien que deux ans plus tard le château se dressait à nouveau sur son emplacement. Toutefois, elle n'avait pas eu le temps de le remeubler. L'occupation allemande ayant fait le reste, ne subsistait plus à notre arrivée que le piano de la grand-mère Montesquiou, la mère de mon beau-père, les souvenirs de Mme Tallien et les archives de famille dont je parlerai plus loin. En reconstruisant, ma belle-mère avait doté le château de vastes salles de bains, d'une immense chambre décorée de grisailles évoquant la vie de Psyché, d'une cuisine de mêmes dimensions au centre de laquelle trônait un fourneau appelant à grands cris chef et marmitons. Les meubles avaient déserté les chambres et, malgré les proportions des baignoires, il eût été impossible de les remplir d'eau, les robinets consultés sur le sujet ne laissant filtrer que des plumes. Dans le hall, l'eau ruisselait le long des murs et alimentait une flaque inondant le sol. Le fidèle menuisier Gustave Bajomé, venu avec le maître de chapelle du village ainsi que du château, M. Deneufbourg, détenteur des clefs, hocha la tête en nous faisant entrer : « Je préfère ma petite maison. »

Élie ne disait mot, me regardait un peu anxieux, guettant ma réaction. Soudain, j'éprouvai une curieuse sensation, celle d'aimer cet endroit en dépit de l'humidité et d'une absence totale de confort. « Je pense que nous devons attendre l'été avant de venir nous installer », murmurai-je. Son visage s'éclaira. « Tu as raison, pour le moment elle est inhabitable, mais tu verras, c'est une bonne maison. » De chambres en salles de bains, de salons déserts en billard abandonné, nous arrivâmes enfin dans un endroit indescriptible. Élie poussa une porte à deux battants qui s'ouvrit en craquant : « Vois-tu, c'était le théâtre ! » Un escalier d'une dizaine de marches descendait vers une salle circulaire au centre de laquelle se trouvait une pyramide de gravats, alentour une colonnade en forme de roseaux supportait deux séries de balcons. La loge centrale, superbe dans sa misère, faisait face au rideau de scène représentant un jardin où trônait une statue entourée de sphinges. La poutre qui soutenait l'édifice au-dessus de la scène avait pris une inclinaison dangereuse, et M. Deneufbourg nous conseilla de ne pas approcher. « Ah ! si vous aviez connu le théâtre avant la dernière guerre, dit-il. Lorsque le prince m'a fait venir, ce n'étaient que représentations, opéras, opérettes, musique de chambre. Tout le monde chantait, dansait, et le prince lui-même se produisait sur scène car son talent de violoniste, au dire même de Liszt, était très " distingué ". »

Poursuivant nos investigations, nous entrâmes dans la chapelle contenant les archives de famille qui, par bonheur, avaient survécu à l'incendie ainsi que quelques portraits. Élie et moi retournâmes au hasard ces rescapés du désastre. Des visages de femmes aux costumes désuets, des hommes à l'allure altière, des toiles sans valeur, d'autres signées se succédaient. Je me souviens de l'une d'elles représentant une femme au regard inquiet, tout de noir vêtue, couverte d'un voile dont la pointe descendait sur le front. Son corsage de mousseline était orné en son centre d'une broche, seule tache de couleur et dont le saphir cabochon d'une taille respectable, entouré de diamants, laissait entendre que cette personne était d'importance. Au dos du tableau, je lus Charlotte de Rouvroy, princesse de Chimay, et je me souvins du portrait féroce que Saint-Simon fait de sa propre fille dans ses *Mémoires* : « A peine fus-je arrivé qu'il fallut achever un mariage qui m'avait été proposé pour ma fille avant que j'allasse en Espagne. Il y a des personnes faites de manière qu'elles sont plus heureuses de demeurer fille avec le revenu de la dot qu'on leur donnerait. Mme de Saint-Simon et moi avions raison de croire que la nôtre était de celles-là, et nous voulions en user de la sorte avec elle. Ma mère pensait autrement, et elle était accoutumée à décider. Le prince de Chimay se persuada des chimères en épousant ma fille dans la situation où il me voyait. Dès avant d'aller en Espagne, je ne lui déguisai rien de tout ce que je pensais, ni du peu de fondement de tout ce qui le poussait de faire ce mariage. Je ne le voulus achever qu'à mon retour, pour lui laisser tout le temps aux réflexions et au refroidissement de mon absence. Il ne cessa de presser Mme de Saint-Simon, ni elle de l'en détourner. Dès que je fus de retour, ses instances redoublèrent à un point qu'il fallut conclure, et le mariage se fit à Meudon, avec le moins de cérémonie et de compagnie qu'il nous fut possible. » Si l'on en croit les Mémoires du temps, Saint-Simon n'était pas le seul à penser pis que pendre de sa fille quant à son aspect physique, puisque le duc de Luynes, commentant en 1740 ce mariage qui eut lieu en 1722, écrit : « Mlle de Saint-Simon est si petite, si contrefaite et si affreuse que M. et Mme de Saint-Simon, bien loin de songer à la marier, ne cherchaient qu'à la cacher aux yeux du public. M. de Saint-Simon était en grande faveur auprès de M. le duc d'Orléans ; cette raison détermina apparemment M. de Chimay à lui demander sa fille en mariage. M. de Saint-Simon, qui est extrêmement énergique dans ses expressions, répondit à M. de Chimay par une description très détaillée et même outrée, s'il est possible, de toutes les imperfections de sa fille, lui ajoutant que si c'était par rapport au crédit qu'il pouvait avoir sur M. le duc d'Orléans, qu'il ne voulait pas le tromper davantage sur cet article que sur les autres et qu'il ne se mêlerait en aucune manière des affaires qui pourraient le regarder. »

Avant de songer à réparer le château, il fallait préparer la venue d'un nouveau membre de la famille, mon premier enfant, Philippe. Quittant Bruxelles, nous nous installâmes rue Spontini à Paris, auprès de ma tante Jeanne atteinte d'une grave maladie. Après sa mort survenue la même année, nous déménageâmes à nouveau. Philippe naquit en octobre 1948. Il était impossible de le baptiser au château des courants d'air, comme il était exclu de ne pas le faire, par respect pour la tradition familiale. Nous décidâmes de reporter la cérémonie au mois de juin, ce qui permettrait à Philippe de mieux supporter l'inconfort de la maison. Mon amie Odile Desfarges vint avec moi en éclaireur pour préparer le cantonnement, Élie nous rejoindrait le lendemain avec le bébé. Ce fut ma première nuit au château que ma belle-mère – qui tenait à ce que j'habite son ancienne chambre, laquelle occupe tout le premier étage de la tour est – s'était donné beaucoup de mal pour le rendre à peu près habitable. Quant à Odile, elle établit ses quartiers à l'autre extrémité du corridor qui longe le bâtiment de la façade, la chambre centrale étant destinée au héros du jour. Celle-ci, démesurée et sombre, manquait de gaieté, mais la cheminée, qui en faisait l'ornement, présentait l'avantage d'accueillir l'un de ces poêles Chappée qui nous avaient rendu tant de services lors des hivers de la guerre.

Lorsque le moment de nous dire bonsoir fut arrivé, je me dirigeai vers ma chambre qui, avec ses cinq fenêtres, ressemblait plutôt à une salle de bal. C'est alors qu'à mi-chemin du corridor j'entendis un hurlement qui me glaça d'effroi. J'hésitai à me réfugier dans la chambre d'Odile mais, l'orgueil tenant lieu de courage, je courus à mon lit dans lequel je me jetai tout habillée, les couvertures au-dessus de la tête, en priant Dieu de me protéger de ce qui ne pouvait être que des esprits hostiles. Le lendemain, je sus qu'Odile avait entendu le même bruit et eut peu ou prou la même réaction. Après enquête, nous comprîmes qu'il s'agissait... du train. Le Grand Prince avait fait construire une ligne de chemin de fer qui reliait Chimay au chemin de fer du Nord. Quoique la ligne fût de moins en moins fréquentée, elle n'en subsistait pas moins, et surtout l'habitude qu'avait le conducteur de saluer la famille en passant d'un magistral coup de sifflet.

Le baptême eut lieu comme il se devait. Comme Philippe était trop gros pour revêtir la robe en point d'Alençon de ma famille, ni celle du roi de Rome offerte par l'impératrice à la grand-mère Montesquiou, Grand-ma, venue tout exprès de Bordeaux, sacrifia pour lui l'un de ses jupons en dentelle dans lequel on tailla une robe à sa mesure ornée de gros nœuds sur les côtés. Et puis la fanfare des Loupards, le chanoine Gondry assisté des représentants du monastère, le père Chrysostomos et le père prieur, sans compter une nuée d'enfants de chœur, les dragées, la menue monnaie lancée à la volée.

Plus tard, la comtesse Greffulhe me demanda de lui présenter Philippe, ce que je fis avec plaisir, étant très fière de lui. C'était la deuxième fois que je venais rue d'Astorg, dont je ne connaissais pas le jardin, très vaste, qui occupait tout l'espace entre la rue d'Astorg et la rue de la Ville-l'Évêque et que la maîtresse des lieux partageait avec la princesse d'Arenberg, occupante de l'hôtel du même nom. Tante Bébeth nous reçut avec sa gentillesse habituelle et nous proposa de nous installer dans le jardin, sur des chaises, afin de profiter du soleil. Tout en bavardant avec elle, j'observai du coin de l'œil l'hôtel d'Arenberg où ce jour-là sa cousine donnait une réception. Les invités foulaient un gazon qu'eût envié le plus exigeant des lords, un véritable green, cependant qu'une sorte de ligne de démarcation invisible séparait cette merveille de la partie réservée à la tante où fleurissait le chardon entouré de quelques marguerites faisant ressortir l'absence de tondeuses. Voyant mon regard, la comtesse Greffulhe me dit : « N'est-ce pas un spectacle charmant ? Mais eux, que voient-ils de leur côté ? Toi et moi sur nos vieilles chaises, un bébé sur une couverture et un gazon qui n'en est plus un. » Et avec ce rire merveilleux qui l'avait fait comparer par Proust à un carillon de Bruges, elle ajouta « Ainsi va la vie. »

Après cela, Élie et moi commençâmes une vie où aux hivers parisiens succédaient les étés à Chimay. Là la vie était plus laborieuse car il y avait tout à faire. Avec Mlle Guérin, la chère secrétaire de ma tante, qui habitait Paris avec nous, je me mis à la tâche. Pendant qu'Élie concentrait ses efforts sur le parc (ils furent vite récompensés : gazon tondu, poules reléguées au poulailler, buissons taillés au cordeau), nous entreprîmes de sauver les archives. Étalées sur des claies en bois plutôt destinées à des fruits qu'à des grimoires, recouvertes d'une couche de moisissure et de cendre due à l'incendie, nous passâmes des jours, des semaines et des mois à les essuyer, les classer, les ranger.

Il arrivait à ma belle-mère, heureuse de constater notre présence de plus en plus fréquente à Chimay et soucieuse de nous rendre le séjour agréable, d'inviter des amis à faire connaissance des lieux. Ainsi vîmes-nous un jour arriver Charles de Beisteguy, Marie-Blanche de Polignac et la tante Marthe Bibesco. Je ne

les regardai pas sans inquiétude descendre de l'auto, puisque le château était encore assez peu présentable. A la vue des gravats amoncelés au milieu du théâtre, ils poussèrent des « oh » et des « ah ». Il est vrai que, devant ces ruines, Charles de Beisteguy devait se représenter son propre théâtre qu'il venait de faire construire dans son château de Groussay et décorer en bleu et rouge par Emilio Terry et dont le Tout-Paris parlait. Si bien que s'adressant à moi, il me dit : « Mais, ma chère, il faut restaurer cette merveille, qu'attendez-vous pour le faire ?
— Un enfant.
— Encore un enfant, quand un endroit merveilleux menace ruine. Insensé ! »

Oui, en effet, un enfant. J'étais jeune, j'avais la vie devant moi, et si je savais que je n'allais pas fuir mes reponsabilités et m'occuper de la restauration de Chimay auquel j'étais déjà tant attachée, je me disais que ce serait une œuvre de longue haleine et qu'après tout cette demeure en avait vu d'autres avant moi. Bref, le temps ne pressait pas. Aussi fus-je particulièrement heureuse à la naissance de mon deuxième enfant, dont le choix du prénom, Marie Gilone, provoqua une affaire familiale des plus cocasses. Ma belle-mère, évidemment fière de ce choix, n'eut rien de mieux à faire que de se brouiller momentanément avec le parrain, son frère Étienne, qui souhaitait appeler le bébé Stevenotte parce que au Moyen Age un de ses ancêtres Étienne avait eu pour filleule Stevenotte de Montejan. Sur ce, ma belle-mère lui écrivit des lettres furibondes lui faisant remarquer que l'enfant étant sa petite-fille il était normal qu'elle portât son prénom et que, de toute manière, Stevenotte était un nom de vache ! Pour apaiser les combattants, nous optâmes pour Marie Gilone Stevenotte Solange.

Quelques semaines plus tard, Charles de Beisteguy, voulant sans doute nous rendre la politesse, nous invita à Groussay, près de Montfort-l'Amaury, ce qui était un honneur car il avait la réputation d'inviter très peu hors du cercle de ses intimes. Élie, suivant les usages de son pays, avait pour habitude de respecter l'heure inscrite sur les cartons d'invitation. J'avais beau lui expliquer que le comble de l'élégance en France était d'arriver avec trois quarts d'heure de retard sous peine de paraître un paysan du Danube, afin de permettre au chef cuisinier d'avoir une crise cardiaque, aux gens soi-disant débordés de se faire remarquer par une arrivée essoufflée, aux dames de faire une entrée triomphale. Mais rien n'y faisait, si bien qu'une fois de plus nous arrivâmes trop tôt.

Introduits dans la bibliothèque, c'est peu dire qu'Élie et moi restâmes statufiés devant le spectacle qu'elle offrait. Cette pièce gigantesque, haute d'au moins huit mètres, était divisée en deux parties, l'une tapissée de livres du sol au plafond, avec à mi-hauteur un balcon faisant le tour auquel on accédait par deux escaliers en colimaçon sur les côtés et se faisant face. L'autre partie était décorée d'une cheminée en marbre noire flanquée, à droite et à gauche, de deux bustes d'empereurs romains placés sur des colonnes en marbre rouge, tandis que les murs étaient recouverts de tableaux accrochés à touche-touche dans le goût du XIXe siècle finissant. Entre les deux, un bureau en partie XVIIIe sur lequel trônait un obélisque encadré par deux taureaux en bronze. L'ensemble offrait un mélange de styles étonnamment harmonieux, marque inimitable de ce génie de la décoration qu'était Beisteguy.

En attendant notre hôte, je ne pus m'empêcher de songer à un fantôme célèbre, lointaine cousine des Chimay, Louise de Croÿ d'Havré, plus connue sous le nom de marquise puis duchesse de Tourzel. En août 1789, elle avait remplacé comme gouvernante des Enfants de France la princesse de Polignac déjà émigrée avec son mari et, lorsqu'elle prit ses fonctions, Marie-Antoinette l'accueillit en ces termes : « Madame, je les avais confiés à l'amitié, aujourd'hui je les confie à la vertu. » De fait, le petit Dauphin la surnomma « Mme Sévère ». Elle resta indéfectiblement fidèle à la famille royale, partageant avec elle, sous le nom de baronne de Korf, la fuite à Varennes, puis la captivité au Temple. Épargnée par la Révolution, elle termina ses jours à Groussay.

L'arrivée du maître des lieux me tira de ma rêverie. Fascinante personnalité que ce Beisteguy dont on m'avait tant parlé. Au XIXe siècle, sa famille, mexicaine, avait fait fortune dans les mines d'argent et, à la suite de l'exécution de l'empereur Maximilien, ses grands-parents s'étaient installés en Espagne – son père y était ambassadeur du Mexique – puis ses parents en France, où il était né à la fin du siècle. Parisien d'adoption mais élevé à Eton, il avait la nationalité espagnole, Alphonse XIII ayant convaincu sa mère qu'il en soit ainsi au motif que le Mexique ayant été découvert par les Espagnols, il était au fond de ce pays-là. Dès l'achat de Groussay, peu avant la dernière guerre, il se dévoua à l'œuvre de sa vie, l'ameublement, la décoration et l'agrandissement de cette demeure qui, à l'origine, ressemblait plus à une maison de campagne qu'au château qu'elle est devenue.

Après le dîner, nous traversâmes une enfilade de salons pour parvenir au théâtre, précédé d'une galerie garnie de tapisseries représentant des scènes champêtres d'après Goya. Pour installer ce théâtre, copié sur celui de la margravine de Bayreuth au XVIIIe siècle, aux lambris blancs et or et balustres de même sur trois étages, le tout décoré de draperies bleues et rouges, Emilio Terry avait dû rien moins que faire agrandir le château en le flanquant de deux pavillons et de deux ailes. Il est vrai que c'était une réussite incontestable mais je fus encore plus enthousiasmée par le foyer des artistes. Entièrement tendu de toile de Jouy rouge, l'extérieur des loges, circulaire, était meublé de fauteuils cannés pour les acteurs, tandis que l'intérieur des loges des actrices était en toile de Jouy bleue, avec coiffeuse et lit de repos.

Il nous arrivait aussi de nous échapper de Chimay au moment des chasses et notre plus grand plaisir était d'aller près de Moncornet, à Sainte-Preuve, la terre de Jean de Chimay, cousin d'Élie. Je me souvenais de lui pour l'avoir rencontré plusieurs fois, quand j'étais enfant, à Sandricourt où il venait chasser. Sa femme, née Hennessy, avait la passion des plantes et des jardins et avait su transformer le sien en un véritable paradis. J'aimais beaucoup Jean à qui je demandais d'évoquer le Chimay qu'il avait connu dans sa jeunesse ainsi que les membres de la famille. Il se plongeait volontiers dans ses souvenirs.

« Le comte Greffulhe, le mari de la tante Élisabeth, me disait-il, paraissait rarement et semait la terreur. C'était un bel homme, à la mode du jour, avec une barbe carrée de Jupiter olympien, sans méchanceté au fond, mais d'un égoïsme foncier, adorant les femmes, la chasse, les objets d'art et vivant une existence royale d'enfant gâté. Tante Élisabeth était illustre dans l'Europe entière par sa beauté, le profil ravissant, le visage illuminé par des yeux d'un noir de jais, une tête idéale sur le plus joli cou du monde. Ton beau-père, mon oncle Jo, avait une figure sympathique que barrait une moustache de mousquetaire. Bon cavalier, hardi veneur, bretteur de classe, il fut aussi un des plus célèbres maris trompés de son époque, par sa première femme, Clara Ward.

« Les séjours à Chimay nous paraissaient exquis. On n'y faisait pas grand-chose, la chasse se bornait à tirer le matin quelques lapins dans le parc et l'après-midi à faire le tour du lac de Vireilles à la recherche hypothétique d'un colvert ou d'une bécassine. Sinon, les uns et les autres s'enfermaient pour rédiger leur courrier, ce qui peut sembler inutile à notre époque, mais qui vaudra aux générations suivantes de précieux détails sur la vie quotidienne de notre temps. Au fond, comme le disait ton beau-père, les occupations des gens qui ne font soi-disant rien sont souvent plus intelligentes que celles des gens qui font quelque chose.

« Et puis, il y avait le théâtre qui occupait une grande place dans notre existence. Il faut savoir qu'à l'origine Mme Tallien avait fait construire une salle de spectacle au fond du jardin, décorée par Cicéri et Gineste. Son fils, le Grand Prince, avait estimé qu'il serait plus pratique de la remplacer par un théâtre construit à l'intérieur du château, ce qui fut fait sous la direction de Cambon, élève de Cicéri. Tout le monde jouait. La tante Alys Borghèse se révélait un metteur en scène de grande classe, et on se lança dans des entreprises considérables. Une année on joua *La Princesse lointaine* d'Edmond Rostand et *Patrie* de Victorien Sardou. Le théâtre Sarah-Bernhardt de Paris prêtait les costumes auxquels venaient s'ajouter ceux que renfermait la « chambre de Barbe-Bleue » située en haut de la maison. De nombreux habitants du village venaient assister aux représentations présidées par l'oncle Jo revêtu du costume de son rôle. Je le vois encore en chevalier aux armes vertes, farouche gardien de Mélisande, princesse de Tripoli, recevant son bon peuple du haut de sa tribune princière, comme on disait alors et que l'on dit encore car Chimay a conservé son côté Gerolstein. Mélisande, c'était Alys Borghèse vêtue de blanc, tenant un lys à la main, guettant la nef qui lui ramenait son troubadour agonisant, Léon de Montesquiou, dont, moi, j'étais le page, portant une robe blanche galonnée d'or, que par la suite on m'imposa comme smoking, ce qui m'humilia un peu. L'oncle Tinan, mari de la tante Geneviève, n'a jamais cessé de m'apparaître comme l'inoubliable duc d'Albe de *Patrie*; je n'ai jamais pensé à Louis XV autrement que sous les traits de Léon de Montesquiou, fort laid au demeurant. »

Le récit se terminait par un grand rire destiné à cacher l'émotion que cette évocation avait fait naître. Quant au rythme de vie à Chimay, les choses n'ont guère changé, pensais-je.

A l'été 1951, nous partîmes pour Arcachon où ma tante Valentine nous invitait à passer un mois. Grand-ma y vint, accompagnée de tante Cri, et j'eus la joie de lui présenter Gilone qu'elle ne connaissait pas encore. Comme elle avait changé ! Sa démarche était devenue hésitante et elle avançait courbée comme si les soucis de l'Occupation avaient eu raison de son énergie. Telle est la force de notre amour que nous voudrions imaginer éternels les êtres qui nous sont chers. Choyée par ses filles et belles-filles, grand-ma achevait une existence consacrée aux autres, évoquant parfois les souvenirs de son enfance heureuse et comblée. Elle s'éteignit comme une bougie qui danse, vacille puis pâlit, le 18 décembre de cette même année, le jour de mon anniversaire de mariage.

Celle qui avait remplacé ma mère avec une infinie tendresse n'était plus. Avec elle s'écroulait un monde révolu; le 41, maison des retrouvailles, fut dépecé en appartements occupés par des étrangers. Seul demeurait celui de ma mère, où je vins au monde, habité aujourd'hui par mes cousins Schÿler. Ainsi disparaissait un des témoins de la grande époque des Chartrons, un des représentants de ces protestants qui constituaient la noblesse du Bouchon et qui énervaient tant François Mauriac qui les caricatura dans *Préséances*, sans oublier toutefois qu'ils avaient œuvré à la prospérité de la ville.

XIII

Le festival de musique de Chimay

En septembre 1957, nous reçûmes la visite d'un jeune musicien du nom de Roquet. Bondissant au milieu du théâtre, il nous affirma avec enthousiasme être prêt à donner un concert tellement l'endroit l'enchantait. Lorsqu'il s'en alla, il avait reçu l'accord d'Élie, émerveillé par cette fougue, et date fut prise pour le premier concert à la belle saison. En mon for intérieur, je pensai : il est gentil, mais complètement fou, personne ne viendra écouter de la musique au fond des Fagnes, mais après tout, pourquoi pas ?

Nous avions alors à Chimay un homme à tout faire, peintre de son état, qui se fit fort d'exécuter les travaux nécessaires avec l'aide d'un plafonneur, lequel possédait un moulage des guirlandes dont il s'était servi pour rafraîchir le théâtre après l'incendie de 1935. Notre fidèle menuisier, son fils, ainsi qu'un Anglais original et décorateur, Mr Heintz, qui se chargea de poser un tapis et de recouvrir les banquettes, intervinrent à leur tour. Les girandoles furent retrouvées dans le trou du souffleur, la fabrique de verrerie de Momignies compléta les pièces manquantes. Le plancher fut refait tandis que la poutre soutenant le plafond au-dessus de la scène fut consolidée par un appareillage métallique. Pour finir, on restaura le rideau de scène et les toiles de Cambon décorant le plafond. Le théâtre balayé, astiqué, les moulures dorées de frais par des pinceaux maniés par tous reprirent une apparence décente. Bref, ne restait plus qu'à lancer les invitations pour le mois de juin 1958.

L'assistance était évidemment modeste et ne laissait pas présager que le festival prendrait un tel essor dans les années suivantes, ni même d'ailleurs qu'il verrait le jour. Des fidèles vinrent de Paris et de Bruxelles – Jane Boulet et son mari Maurice, maître de chapelle, tous deux excellents musiciens, se joignirent à nous avec leur groupe, l'Académie Froissart, nos voisins François et Alexandra de Mérode applaudirent à tout rompre. Le docteur Lambiotte, grand amateur de musique lui aussi, prodigua ses conseils. Par la suite, Alexandra, autrichienne de naissance, s'associa pleinement aux projets d'avenir, suggérant elle-même l'idée d'un festival.

Pour cette occasion, Fernand Macq, le bourgmestre de Chimay, prononça un discours dont je voudrais reproduire des extraits car il montre bien l'attachement des Chimaciens pour le théâtre : « Il fallut moins de trois ans au prince et à la princesse pour remettre dans son écrin d'or et d'azur ce ravissant théâtre dont la restauration semblait devoir être longue et coûteuse. C'est un miracle, un miracle de la jeunesse, du courage et de l'intelligence dont la population chimacienne, prince, princesse, par ma voix se réjouit et vous félicite.

« Voyez-vous, ce n'est pas pour rien qu'autrefois les bourgeois de Chimay étaient invités aux représentations artistiques et musicales du château, que le prince était président et protecteur de nombreuses sociétés chimaciennes. Il s'est établi entre la population et ses princes des liens d'affection, de gratitude qui expliquent, par exemple, ces élans de générosité auxquels nous avons tous assisté lors de l'incendie de 1935 et qui donnent bien la mesure de l'attachement d'une population à ses bienfaiteurs.

« Dans le domaine de l'art et surtout de la musique, Chimay doit tout à ses princes. Le prince François-Joseph déjà, l'époux de la comtesse de Cabarrus, violoniste distingué, musicologue averti, attirait dans son château de Chimay compositeurs et artistes. L'on vit défiler dans ce petit théâtre Cherubini, Auber, le violoniste belge de Bériot et sa jeune épouse la Malibran. L'opéra *Jean de Chimay*, composé par Auber au début du XVIIIe, siècle fut joué dans ses rôles principaux par la famille de Chimay : le prince Joseph Ier, trisaïeul du prince actuel, jouait le rôle du sire Jean à la Houssette, le comte Cabarrus représentait le farouche seigneur de Couvin et la princesse de Chimay était la châtelaine. Les rôles secondaires, la figuration, l'orchestre, le public étaient toujours tirés du bon peuple chimacien qui, au contact des maîtres et des œuvres, s'instruisait, s'affirmait, formait lentement son goût de la belle musique et des choses de l'esprit. »

Le premier concert marquera dans ma vie : ma belle-mère, Jean de Chimay et sa femme, tous ceux qui avaient connu les fêtes d'antan dissimulaient mal leur émotion. Quant à Élie, ravi de retrouver l'ambiance de son enfance, il rayonnait, d'autant que comme tous les Chimay, il était fou de musique, possédant un goût sûr et une mémoire musicale exceptionnelle. Pour ne pas gêner le reste de la maison, comme pour ne pas l'être par les galopades des enfants, il s'était acheté un appareil, ancêtre de celui que les jeunes portent dans la rue et qui le faisait ressembler à une sorte de gros Mickey Mouse. Le concert achevé, il me commentait avec passion l'exécution de tel orchestre ou de tel soliste et j'admirais la justesse de son jugement.

En le regardant, je me souvins d'un épisode de sa jeunesse qu'il m'avait raconté. Comme tous les membres de sa famille, il avait commencé à étudier le piano et le solfège et, lorsque son premier professeur fut atteinte par la limite d'âge, elle fut remplacée par une délicieuse jeune personne, excellente enseignante de surcroît. Ses progrès furent, paraît-il, fulgurants. Ma belle-mère décida alors que l'aîné devrait en faire autant et, bien que sa passion pour la musique fût loin d'atteindre celle de son frère, celui-ci accepta sans rechigner. Un beau matin, voulant surveiller les travaux de ses enfants, leur mère surgit à l'improviste dans la salle d'étude où se trouvait le piano et surprit Jo en train d'embrasser la demoiselle. En deux temps trois mouvements, les leçons prirent fin, et le pauvre Élie, qui n'y était pour rien, fut confié aux soins du maître de chapelle, M. Deneufbourg, tout aussi excellent sans doute, mais évidemment dépourvu des mêmes appas. Il entreprit de lui enseigner le violon, mais c'en était fini de la carrière musicale d'Élie : buté, ce dernier refusa de faire le moindre effort et se contenta dorénavant d'applaudir à la réussite des grands maîtres.

Pour en revenir à ce premier concert, Gilone avait tenu à apporter une énorme poupée, tandis qu'Alexandra, ma dernière fille née en 1952, qui aime occuper les places d'honneur, avait décidé d'assister au spectacle sur mes genoux. Roquet, accompagné d'un excellent orchestre belge, se surpassa, et la fête se termina par un buffet dans la salle des gardes où tous s'écrièrent : « Il faut ici un festival ! » Même si je continuai à penser que c'était de la folie, l'idée fit son chemin. Il est vrai que Chimay avait un passé musical initié par Mme Tallien qui donnait dans le théâtre qu'elle avait fait construire dans le parc force opéras d'Auber et de Cherubini, non sans y associer la population locale et laisser la scène à des artistes locaux. Finalement, un groupe de travail fut constitué dont la cheville ouvrière fut Charles Esselen.

Sitôt l'inauguration de la salle achevée, on commença les préparatifs du festival, en prévision de son ouverture, fixée au mois de juin 1959.

Lorsque vint le moment tant attendu, la tante Marthe Bibesco nous annonça sa venue d'Angleterre, accompagnée de ses petits-fils. Elle venait de faire sortir sa famille de Roumanie après avoir abandonné son palais de Mogosoa aux communistes. Flanquée de Blanche, sa femme de chambre berrichonne, et de son perroquet Perréré, elle fit la joie des enfants à qui elle racontait des histoires fabuleuses. Perréré eut moins de succès en dépit du passeport que, Dieu sait comment, sa maîtresse avait obtenu. En arrivant, le volatile portait autour de son cou un papier officiel spécifiant qu'il s'agissait d'un « perroquet » voyageant « on her Majesty's Service ». Son meilleur ami était Émile, le labrador d'Élie, et, pendant les repas, tandis que l'un, se dandinant sur le lustre au-dessus de la table, attirait l'attention des convives, l'autre profitait de sa haute taille et de l'inattention générale pour dérober la nourriture dans les assiettes.

Dans les jours précédant la première, les habitants du château, toutes générations confondues, montrèrent une activité fébrile, pas toujours orientée dans la bonne direction ! C'est ainsi que les journées se partageaient entre les préparatifs proprement dits, la cueillette des jonquilles, la pêche à la truite dans la rivière et le tri des fruits sur les claies. En ce qui me concerne, j'avais des occupations plus absorbantes. En prévision des invités que nous allions loger, je courais les marchands de tissus avec Mlle Guérin afin de rendre les chambres plus accueillantes. Les plus âgés se chargeaient de la correspondance, brodaient ou se reposaient à l'ombre des arbres du parc.

Le soir du premier concert, la cantatrice espagnole Consuelo Rubio déclara tout net qu'elle ne chanterait pas car on avait oublié de servir un whisky à son mari. La consternation fut d'autant plus grande que tout le monde ignorait la présence dudit mari. Les choses s'arrangèrent après qu'on l'eut découvert et que je fus envoyée en ambassade auprès de l'outragée, si bien que le concert eut lieu et remporta le succès escompté, l'orchestre de chambre de l'INR étant dirigé par Edgar Doneux, avec en soliste le violoniste Frédéric Petronio. Après quoi, Samson François, qui avait été le premier à remporter le concours Marguerite Long, se produisit.

Le but poursuivi par ce festival était de favoriser le développement du tourisme dans le Hainaut et de révéler de jeunes artistes. La réussite de l'entreprise fut due en grande partie à l'enthousiasme des Chimaciens. M. Buisseret, organisateur du circuit automobile, vendait des tickets à l'entrée; Mme Boulet, femme du maître de chapelle, plaçait les invités; les filles du notaire, M. Stevaux, vendaient les programmes. Dès la première édition, le festival prit son essor, et les années suivantes furent marquées par la venue d'artistes de grand talent et d'un public chaque fois plus nombreux. Le théâtre, en effet, est conçu pour abriter deux cents personnes, mais la plupart des représentations, comme on le faisait au XVIIIe siècle en plaçant les gens debout, en réunissaient trois cents. Je ne pourrai pas citer tous les noms – il y en aurait trop –, mais je m'en voudrais de passer sous silence ceux qui, par la suite, devinrent célèbres et, surtout, de véritables amis. Dans mon souvenir, par exemple, se détachent Robert Veyron Lacroix et son complice de toujours, Jean-Pierre Rampal. Débarquant pour la première fois devant le château, ils parurent surpris de voir à la fenêtre de ma chambre la famille au complet – moi, Élie et les trois enfants – leur faisant des signes de la main, auxquels ils répondirent, pensant, ils me l'avouèrent plus tard : ça semble être une bonne maison.

Robert avait été victime d'une agression la veille, aussi était-il décoré de sparadrap sur le visage, ce qui lui valut le surnom de Jojo-la-Terreur, sobriquet qui lui resta jusqu'à la fin de sa trop courte vie qui seule mit un terme à notre amitié. Cette fois-là, tous deux donnèrent un concert admirable, et je réalisai alors que ces rencontres musicales, dont j'avais douté au début, étaient d'une rare qualité. Je me souviens aussi d'Ida Presti et d'Alexandre Lagoya, dont la prestation fut sans doute, de toutes celles du festival, la plus belle. Les Autrichiens vinrent avec l'orchestre Haydn, les Anglais avec la soprano Veronica Dunne, les Italiens avec les solistes Veneti, les Français avec Gérard Souzay.

Toutes les auditions ne se passaient pas aussi paisiblement, et il y eut des incidents tragi-comiques. Une année, le pianiste choisi en tant que lauréat du concours Reine-Élisabeth, Valery Afanassiev, était russe, comme son nom l'indique. En un tel cas, l'usage est d'inviter l'ambasssadeur en poste, ce que nous fîmes, évidemment. Le jour venu, nous vîmes arriver les représentants de l'URSS – l'ambassadeur, ses adjoints, l'attaché culturel. Une grosse équipe en somme, charmante et polie au demeurant, sauf les inévitables membres du KGB que l'on reconnaissait à quinze pas malgré leur titre de « secrétaire ». Quoi qu'il en soit, tout se déroula le mieux du monde. Une réception avait lieu après le départ du public, de sorte que nous nous rendîmes dans le salon jaune en attendant que Valery Afanassiev nous y rejoigne. Après les propos mondains de rigueur entrecoupés de silences de plus en plus longs, force me fut de constater que notre pianiste n'était pas là. Je demandai à sa secrétaire d'aller aux nouvelles. En son absence, je perçus une sorte de nervosité chez nos invités qui s'accrut lorsque cette dernière revint en disant : « Sa valise est dans sa loge, mais lui a disparu. »

A table, l'atmosphère fut particulièrement tendue, d'autant plus qu'Élie s'était éclipsé, sans doute à la recherche de celui qui commençait à apparaître comme un transfuge. Contrariée tout de même, j'allai à côté calmer la secrétaire hagarde qui me dit : « Vous comprenez, j'ai dans ma poche un billet d'avion pour Moscou où il doit donner un concert demain. L'ambassadeur est très mécontent. » En effet, c'est peu dire qu'il l'était, il n'y avait qu'à le regarder, mais comme il ne pouvait pas faire grand-chose après qu'Élie fut revenu et dit qu'Afanassiev était introuvable, il n'eut pas d'autre solution que de plier bagage avec sa troupe.

Cette nuit-là, mon mari, que peu de chose entamait – surtout pas l'agacement d'un ambassadeur communiste –, dormit du sommeil du juste. Moi pas, cramponnée que j'étais à un téléphone qui ne cessait de sonner. Le lendemain, les gendarmes fouillèrent sans succès les souterrains du château dans lesquels, leur fis-je remarquer, il était aisé de se dissimuler. L'affaire passa, jusqu'au jour où la photo d'Afanassiev parut dans le journal : en effet, il avait choisi la liberté. Par la suite, je rencontrai une de ses amies, complice dans cette affaire. Elle me raconta en riant leur course dans les souterrains et encourut mes foudres sans broncher, avouant que leur silence vis-à-vis de moi était indispensable à la réussite de l'opération. Sans doute avait-elle raison, mais ç'avait été faire bon ménage avec mon angoisse !

Le succès venant, il importait de continuer à rénover le théâtre. On changea les tentures, on perfectionna le rideau de scène. Celui-ci, peint par Cambon, souffrait en effet des manipulations qu'on lui faisait subir puisqu'à chaque représentation on l'actionnait à l'aide d'une manivelle assujettie à l'extrémité d'une poutre en bois autour de laquelle il s'enroulait jusqu'à atteindre les cintres. A force, le paysage peint qu'il laissait voir s'abîmait et risquait de s'effacer. De sorte qu'il fut repoussé au fond de la scène et qu'au premier plan il laissa la place à un rideau de velours rouge, le premier se détachant sur le second.

Les années passant, les artistes se succédèrent : Aldo Cicolini avec un orchestre dirigé par Edgar Doneux en 1960 ; Pierre Fournier et Julius Katchen en 1961 ; Nicanor Zabaletta et David Oïstrakh en 1962 ; Byron Janis et Philippe Newman en 1964 ; l'ensemble I Musici en 1965. L'année suivante, le Belge Arthur Grumiaux fut l'invité d'honneur, et la Comédie-Française inaugura les spectacles sous la houlette de Bernard Dhéran. A cette occasion, Lise Delamare, Jean Marchat et Claude Winter invitèrent Gilone sur scène. Dans une pièce de Musset, elle fit une apparition très applaudie en costume de page bouton d'or, son visage sommé d'une perruque blanche, dans un rôle – il faut bien l'avouer – aussi mince que sa timidité était grande. Alexandra le lui avait fait répéter avec tellement de conscience qu'elle-même eût pu le jouer à sa place et, bien qu'elle regrettât de n'y pas figurer, elle fut la première à féliciter son élève.

Cette représentation ne fut pas des plus simples. J'avais signalé au metteur en scène qu'il pouvait imaginer à sa guise tous les décors du monde mais qu'il serait toujours limité par le fait qu'aucune machinerie ne pourrait les faire évoluer. « Qu'à cela ne tienne, ma chère, me répondit-il, il suffira d'accrocher tableaux et tapisseries sur des tentures noires, et nous conserverons le même décor d'un bout à l'autre de la représentation. » Cela ainsi énoncé paraissait simple, mais où trouver le tissu noir en quantité suffisante ? Comme rien ne nous décourageait, les pompes funèbres furent mises à contribution, les enfants dépêchés à bicyclette pour dévaliser les marchands d'épingles à nourrice, les échelles déployées jusqu'aux cintres pour qu'enfin flottent les drapés. Les petites mains de la décoration n'eurent plus qu'à dévaliser le château pour garnir la scène de tous les objets convenant à une pièce de Musset, meubles, bibelots, tableaux. Lorsque la vedette parut, le coup d'œil était du plus bel effet, même pour elle, à cette réserve près : « Ce décor est merveilleux, mais il ne va pas avec ma robe. » Et il fallut tout refaire...

XIV

À la Cour

La folie musicale que nous vivions à Chimay ne devait pas nous empêcher de mener une vie mondaine, bien que mon mari ait toujours montré une grande répugnance pour ce genre d'activité. Une année où nous venions de rentrer en Belgique, notre premier devoir consistait à nous rendre au palais. La reine Élisabeth recevait au début de l'année les vœux dans le salon bleu, dont l'accès agitait beaucoup la haute société belge : il y avait ceux qui trouvaient normal d'y être invités et les autres agacés de ne pas l'être. Au commencement de la monarchie, les princes au grand complet ainsi que les familles ducales y étaient conviés. Le temps aidant, et leur progéniture devenant innombrable, seuls les chefs de famille et leurs épouses partagèrent avec le corps diplomatique l'honneur de présenter leur devoir au souverain, après avoir stationné dans cet endroit privilégié qui n'avait plus de bleu que le nom.

Ce jour-là, nous fûmes alignés selon les règles du protocole. Ouvrant la marche, se trouvaient les Ligne, la famille la plus ancienne de Belgique, suivis du prince de Croÿ et du duc d'Ursel. Venaient ensuite le prince et la princesse de Mérode, née La Guiche, qui avaient atteint un âge plus que canonique (il est vrai que nous faisions figure de bébés auprès de nos pairs), puis nous-mêmes. Les huissiers aboyèrent les qualités et titres de chacun. Après quoi, nous défilâmes, plongeant en révérences successives devant la famille royale. Gymnastique qu'une longue habitude rendait moins pénible aux personnes âgées. Lors de l'appel de mon nom, j'éprouvai une certaine crainte à l'idée de glisser, ce qui heureusement ne se produisit pas.

Ce contact avec le palais royal, beaucoup plus solennel que celui que j'avais eu lorsque l'on m'avait présentée à la reine au moment de mes fiançailles, me fut salutaire, et je me trouvais moins pétrifiée lorsque eut lieu un bal de cour en 1958. A l'époque, il était impensable de se rendre à ces cérémonies sans diadème. Peu importait qu'il fût vrai ou faux, tel était l'usage. J'avais la chance d'en posséder un, fort joli ma foi : un cercle de diamants supportant des émeraudes formant fleurs. Les boucles d'oreilles assorties ainsi qu'un collier accompagnaient ma robe en organza rouge dont le corsage portait un immense nœud de satin blanc dont les pans plongeaient jusqu'au sol. Mme Lanvin s'était surpassée. A la Cour, le rouge n'est pas de bon ton, mais j'avais pour excuse de porter les couleurs de la ville de Chimay, ce qui fit plaisir à mes chers Chimaciens.

Il y avait foule au palais, les uniformes chamarrés des chevaliers de Malte, les ors des ambassadeurs contrastaient avec l'austérité des habits de cour noirs dont le col brodé d'or, ainsi que le bas des manches, donnent à la tenue une élégance certaine. Élie complétait cet habillement avec l'épée du grand-père Chimay ; j'admirai le naturel avec lequel il évoluait et sa prestance que sa jeunesse rendait irrésistible. Il avait pourtant protesté et soupiré en s'appliquant à fermer son faux col d'une hauteur impressionnante qui l'obligeait à tenir la tête bien droite. Nous avions couru les chemisiers de Paris afin de dénicher cet article, introuvable partout sauf chez un charmant vieillard qui tenait boutique faubourg Saint-Honoré. Ce dernier pleura d'émotion quand je lui expliquai le motif de notre visite et finit par extraire derrière une pile de cartons en équilibre instable une boîte carrée contenant l'objet de notre convoitise. Par miracle, le tour de cou convenait. Grommelant et furieux, Élie dut s'incliner.

Ce bal était le premier depuis la fin de la guerre, et les invités s'y pressaient. Le jeune roi Baudouin était entouré d'un bouquet de princesses à marier : les Bourbon Parme, les princesses de Hollande, ses cousines les Orléans. La princesse de Réthy, sa belle-mère, parut, superbe, portant un diadème étincelant ainsi qu'un manteau de cour. Le coup d'œil eût été splendide n'était l'affluence qui enlevait à cette fête beaucoup de son charme. Les jeunes officiers évoluaient parmi les invités, s'occupant de chacun avec bonne grâce. Robert Nieuwenhuys, le secrétaire du roi, me pilotait entre les groupes, me présentant certains, m'indiquant les personnalités les plus marquantes. Les vieux messieurs me faisaient des frais, je valsai avec l'un d'entre eux en costume de l'ordre de Malte pour constater que cela ne jurait pas avec le rouge de ma tenue. Comme souvent dans ce genre d'événement, le départ des invités, qui se produit à peu près au même moment, ne se faisait pas dans le même calme que leur arrivée. Entre les haut-parleurs qui s'égosillaient à appeler des chauffeurs qui n'arrivaient pas, les voitures trop nombreuses qui s'agglutinaient sous la voûte, les officiers qui perdaient leurs épaulettes et les dames craignant pour leur diadème, ce fut une belle bousculade !

En Belgique, l'année 1959 fut marquée par le mariage du frère cadet de Baudouin, le prince de Liège – le roi d'aujourd'hui –, avec la princesse Paola Ruffo di

Calabria. Occasion pour les Belges de se réjouir en se retrouvant unis autour du trône, violemment secoué au sortir de la guerre. Chez nous, nul n'oublie en effet que Léopold III, enfermé à Laeken pendant la guerre et se considérant le prisonnier des Allemands tout en étant désavoué par le gouvernement en exil, fut déporté en Allemagne avec sa famille en 1944 et qu'à sa libération en 1945 il fut contraint de s'installer en Suisse, la Régence étant confiée à son frère Charles. Pendant les années suivantes, ce qu'on a appelé la Question royale n'a cessé d'agiter les esprits. Elle prit un tour critique lorsque, à la suite du référendum de mars 1950 favorable au retour de Léopold, celui-ci fut rappelé mais aussitôt contesté de manière si violente par l'opposition socialiste qu'il dut abdiquer l'année suivante en faveur de son fils Baudouin. Un mariage princier, avant le mariage royal que tous les Belges attendaient avec impatience, ne pouvait que contribuer à exorciser un passé national encore douloureux. Aussi, quand la princesse, sortant de la cathédrale Sainte-Gudule, essuya une larme d'émotion, elle déchaîna l'enthousiasme de la foule massée sur le parvis, d'autant plus qu'elle était absolument ravissante.

Après quoi, la réception eut lieu à Laeken, dont les jardins se prêtent à merveille aux réceptions, mais dont l'intérieur, plutôt austère, tranche avec l'idée qu'on se fait. Construit en 1782 pour Montoyer pour l'archiduc Albert de Saxe Teschen dans le style néoclassique, le palais fut confisqué par Napoléon qui en fit cadeau à Joséphine lorsqu'il la répudia, mais celle-ci ne l'habita pas. En revanche, sa fille la reine Hortense y vint plusieurs fois et je l'imaginai errant en ces lieux en fredonnant les romances composées par elle. Règne surtout à Laeken l'ombre de Léopold II qui a marqué les lieux de sa formidable personnalité, et, tout en me promenant dans les magnifiques serres du palais, je ne pus éviter de penser à ses trois filles, Louise l'aînée, Stéphanie qui épousa l'archiduc d'Autriche Rodolphe et eut à vivre le drame de Mayerling, Clémentine, la préférée de son père, future femme du prince Victor Napoléon.

L'année suivante, le 15 décembre, eut lieu l'événement tant espéré, le mariage du roi, qui épousait une Espagnole, Fabiola de Mora y Aragon, fille du marquis de Casa Riera. Peut-être moins belle que la princesse de Liège, Fabiola montra très vite ses qualités, intelligence, sensibilité, générosité, liées à un strict respect des principes qui la rendirent vite aussi populaire que la reine Astrid, la mère de Baudouin, dont la mort dans un accident d'automobile en 1935 avait bouleversé le pays. Pour Baudouin, Fabiola fut, sa vie durant, l'appui dont tout homme, et tout souverain en particulier, a besoin.

La veille du mariage eut lieu au palais un dîner où les grandes d'Espagne, étincelantes de pierreries, rivalisèrent d'élégance, chacune portant diadème assorti à la rivière de diamants ornant son décolleté. Pour se rendre dans l'immense salle où avait lieu le banquet, Baudouin, sa fiancée à son bras, circula entre la haie des invités, et son visage, d'ordinaire sévère, revêtait une expression de bonheur paisible qu'un fin sourire illuminait. Fabiola portait une robe or recouverte d'un manteau de dentelle du même ton et arborait le diadème que lui avait offert le général Franco. Tous se sentirent alors comblés de voir le jeune roi solitaire accompagné enfin d'une reine digne de lui. L'orchestre perché sur la tribune qui surplombe la salle se fit entendre, le régiment d'hommes en livrée pourpre se mit en mouvement, et le repas put commencer. Le couvert, dominé par le surtout de table monumental sur lequel est gravée la devise « Honni soit qui mal y pense », évoquait Léopold Ier et sa première femme, la princesse

Charlotte d'Angleterre, les fleurs disposées à profusion mettaient en valeur soupières, légumiers et candélabres, le tout miroitant à la lueur des bougies sur la blancheur immaculée des nappes damassées.

Le jour du mariage, la plupart des femmes de l'assistance portaient des tenues de chez Balenciaga que la mère de Fabiola avait « lancé » en lui demandant de confectionner la robe de mariée de sa fille. Choix judicieux : lorsque les cloches de Sainte-Gudule carillonnèrent à toute volée, la nouvelle reine parut habillée dans un véritable chef-d'œuvre dont la pureté de ligne et l'apparente simplicité étaient rehaussées d'une fourrure immaculée formant le décolleté. Son voile était retenu par un diadème de la reine Astrid dont la somptuosité tranchait avec la discrétion de la robe, chacun des diamants qui le composaient représentant une province belge. Selon l'usage, nous étions alignés sur un même rang avec les chefs de famille du fameux salon bleu, à mi-hauteur de l'église, soit un poste d'observation idéal.

Lorsque Baudouin et Fabiola rendirent leur première visite officielle en France dans les années soixante, nous fûmes bien entendu convoqués pour les accompagner. A l'époque, les tenues étaient plus choisies que celles portées de nos jours lors de manifestations de ce genre et, bien qu'en République, la panoplie du parfait courtisan s'imposait. Ainsi je ressortis mon diadème du coffre. La reine avait pour dame d'honneur la princesse de Mérode que j'avais eu l'occasion de rencontrer à Bruxelles lors des cérémonies au palais. Le général de Gaulle, alors président de la République, recevait les invités aux côtés des souverains. Pendant la guerre, comme beaucoup, j'avais suivi avec ferveur son combat pour la France libre et vu avec intérêt comment il s'était imposé à la tête de l'État. Ce jour-là, je l'approchais pour la première fois et je n'oublierai jamais l'impression profonde qu'il produisit sur la jeune écervelée que j'étais alors. Quoi qu'il en soit, après moult révérences, je me retrouvai devant lui et lui tendis la main. Il m'adressa deux mots, me donnant le sentiment qu'il était ravi de me rencontrer, ce que, dans un reste de bon sens, j'estimai fort peu vraisemblable.

Le 17 novembre 1976, la reine Margrethe de Danemark et le prince consort vinrent en visite officielle à Bruxelles. Notre amie Anne Blaton nous avait invités à loger chez elle pour la circonstance, aussi avions-nous quitté Chimay avec armes et bagages, conduits par Miguel, notre fidèle chauffeur espagnol. A cette époque, on ne plaisantait pas avec le protocole, aussi décidâmes-nous d'aller nous changer chez Alexandre Paternotte de La Vaillée, grand ami de mon mari avec qui il avait fait la guerre, ambassadeur de Belgique, et qui avait été désigné pour accompagner le prince consort lors de son séjour dans notre pays. Il partit donc dans la voiture officielle en compagnie d'Élie, nous-mêmes suivions dans celle de mon mari. Alexandra était ravissante dans sa robe de Lanvin en taffetas coquelicot. Après un arrêt au Palais des académies, nous atteignîmes le Palais Royal de Bruxelles pour assister au dîner qui nous attendait. En entrant, le maître de cérémonie nous dit : « Bien que votre fille n'ait pas le droit au salon bleu où seuls accèdent les chefs de famille, elle pourra tout de même vous accompagner car les souverains danois désirent la revoir. »

Nous assistâmes alors à l'arrivée des corps constitués, les autres invités se rendant dans un salon sur la gauche, et défilâmes entre l'amiral danois de l'OTAN et un général au nom imprononçable. Devant les souverains souriants, nous plongeâmes en de profondes révérences, Fabiola me complimentant sur ma robe.

Contrairement à celle-ci, la princesse de Liège était sans diadème, tandis que la reine Margrethe portait une énorme et magnifique couronne. Alexandra et moi avions l'air de frégates toutes voiles dehors et j'imaginai les commentaires. Mais comme me le disait souvent la tante Bébeth (la comtesse Greffulhe) : « Il vaut mieux que l'on dise du mal de vous plutôt que rien du tout. » Dans la grande galerie, on nous offrit un verre avant de passer à table. A ma gauche l'amiral danois, à ma droite le gouverneur du Brabant. Après le dîner, nous eûmes l'occasion de converser avec les souverains et, comme toujours, la reine fut la bonté même, parlant longuement avec Élie.

Épilogue

Tandis que les années passaient, le festival prospérait, mais un jour Élie tomba malade. Au début, les médecins parlaient de mycose, ce qui ne voulait pas dire grand-chose. Lui, qui en savait sans doute un peu plus, décida de quitter Paris, de vendre notre maison dans le Sud-Ouest afin, me disait-il, de concentrer tous nos efforts dans Chimay. En réalité, il souffrait d'un cancer de la gorge – que diagnostiqua sans hésiter notre médecin de Chimay – et il souhaitait mourir dans cette maison qui l'avait vu naître comme son père l'avait fait avant lui. Dès lors, les visites d'hôpital en clinique et de médecins en médecins se succédèrent, et la musique passa au second plan. Sa robuste constitution lui permit de résister aux bombardements au cobalt qu'il supporta avec un grand courage, cependant que je voyais cet homme de cinquante ans se transformer jour après jour en vieillard.

En cette année 1979, un regroupement des communes fut décidé en Belgique. Notre petite ville prit alors le titre pompeux de « Grand Chimay » doté, grâce à l'apport des habitants des villages voisins, d'une population de dix mille âmes. Pour fêter l'événement, il était prévu que les souverains y fassent leur joyeuse entrée.

S'ensuivit une querelle entre la ville de Chimay qui entendait réserver le repas officiel au roi et à la reine, et Couvin, sa voisine, qui revendiquait le même honneur. Je suggérai alors aux deux bourgmestres de donner le déjeuner au château, terrain neutre et adapté à ce genre de réception. Ils acceptèrent, et l'on décida que le roi présiderait une table avec le bourgmestre de Couvin, la reine une autre avec celui de Chimay.

Ce jour-là, même si Élie eut du mal à descendre de sa chambre, il lui aurait paru inconcevable de ne pas paraître devant ceux qu'il recevait sous son toit. Il affronta sans faiblir un long repas, où il ne mangea rien, non sans que la reine sans aperçût et s'en inquiétât, ne pouvant imaginer que la paralysie qui commençait l'empêchait d'avaler quoi que ce soit. Après quoi, la maladie s'installa définitivement. « Si j'arrive au printemps, je m'en sortirai », me répétait-il souvent.

Pour Noël, le père abbé vint dire la messe au pied de son lit, entouré par nous tous. En janvier, Élie rejoignit les siens dans le cimetière de Chimay. La page était tournée, il ne me restait plus qu'à continuer ma route seule, en m'efforçant de maintenir debout la maison des souvenirs, attendant la relève et me répétant pour en avoir la force : « Quand les enfants seront là, la vie reprendra. »

Cette force, précisément, je l'ai tirée de mes enfants, à qui je rends hommage pour l'affection qu'ils me portent, et de mes petits-enfants.

Après la mort d'Élie, je m'étais juré de faire en sorte que le festival atteigne sa vingt-cinquième édition et j'y parvins. Puis le théâtre fut attaqué par la mérule, un champignon qui, ravageant le bois, risquait de le détruire entièrement. Si bien qu'il fallut entreprendre des travaux considérables, et ruineux, pour le sauver. Cela fait, mes enfants, autant passionnés de musique

que leur père et voyant que les festivals de musique naissaient un peu partout en Belgique et en France, reprirent le flambeau sous une forme différente en mettant sur pied une fondation destinée à aider de jeunes musiciens qui se produisent maintenant le deuxième samedi du mois, non sans que d'autres concerts aient lieu régulièrement. Ainsi, la musique ne quitta pas Chimay, et souvent je souhaitais qu'Élie nous regarde et en soit heureux.

Mon vœu fut exaucé d'une manière pour le moins originale. Un jour, nous avions invité plusieurs musiciens à se produire, parmi lesquels un jeune violoniste italien, lequel me demanda la permission de répéter en prévision du spectacle du soir. Il devait être dix heures du matin, nous étions dans le salon en train de deviser lorsqu'une des hôtesses préposées à la vente des billets entra pour me dire que le violoniste, dans un état de grande agitation, voulait s'en aller. Sur quoi, celui-ci survient et me déclare tout à trac : « En bas des marches, près de la loge, il y a un homme ni jeune ni vieux, en smoking, en train de fumer. J'étais en train de jouer, et il m'a dit : "Surtout, ne vous arrêtez pas, j'adore la musique." Je me suis remis à jouer et il a disparu, mais quelques minutes plus tard, il était dans mon dos. Je ne comprends pas comment il a fait pour disparaître et reparaître sans que je m'en aperçoive. Je n'aime pas cela. Figurez-vous que je crois beaucoup aux fantômes. » J'obtins non sans mal qu'il se remette au travail mais, peu après, il était de retour dans un état pire que le précédent, pour avoir vu la même personne lui ayant tenu les mêmes propos.

« Essayez de me le décrire plus précisément, lui dis-je, n'avait-il pas un signe distinctif ?

— Si, il portait des bas de chasse en laine de toutes les couleurs. »

Là-dessus, enthousiasme de la famille présente qui n'aime rien tant que les situations extravagantes. Et Alexandra de tendre au malheureux un album de photos en lui demandant si le personnage en question y figure. Sans hésiter, il désigne Élie, ce qui ne parut surprendre personne. Sauf moi peut-être, car je dois avouer qu'il n'avait pu inventer le détail des bas de chasse. En effet, je m'étais fait une spécialité de les tricoter pour lui, dans des laines de couleurs différentes, qu'il aimait au point de les porter, à mon énervement, dans ses escarpins lors des soirées habillées que nous donnions après les chasses.

Élie était l'originalité même, et jamais autant que ce jour-là j'eus l'impression qu'il ne m'avait pas quittée.

Table

Ma famille	7
Premiers bonheurs, premier malheur	17
Départ précipité pour Argeville	23
Une partie de chasse manquée	31
Solange	41
Noël à Sandricourt	49
L'année la plus triste de ma vie	55
Une guerre pas si drôle que cela	67
Nos jours à l'heure allemande	91
Enfin, la fin	117
Je me marie	129
Les Chimay et Chimay	145
Le festival de musique de Chimay	167
À la Cour	177
Épilogue	185

Cet ouvrage a été réalisé par la
SOCIÉTÉ NOUVELLE FIRMIN-DIDOT
Mesnil-sur-l'Estrée
pour le compte des Éditions Perrin
en mai 2000

Imprimé en France
Dépôt légal : mai 2000
N° d'édition : 1527 – N° d'impression : 51164